国家出版基金项目
NATIONAL PUBLICATION FOUNDATION

中國古代學術流變研究

梁啓超◎著

山西出版傳媒集團
山西人民出版社

圖書在版編目(CIP)數據

中國古代學術流變研究 / 梁啓超著. －太原: 山西人民出版社, 2014.12
(近代名家散佚學術著作叢刊 / 許嘉璐主編)
ISBN 978-7-203-08773-1

Ⅰ. ①中… Ⅱ. ①梁… Ⅲ. ①學術思想－思想史－研究－中國－古代 Ⅳ. ①B2

中國版本圖書館CIP數據核字(2014)第234686號

中國古代學術流變研究

主　　編　許嘉璐
著　　者　梁啓超
責任編輯　張文穎

出 版 者　山西出版傳媒集團·山西人民出版社
地　　址　太原市建設南路21號
郵　　編　030012
發行營銷　0351－4922220　4955996　4956039
　　　　　0351－4922127(傳真)　4956038(郵購)
E－mail　sxskcb@163.com　發行部
　　　　　sxskcb@126.com　總編室
網　　址　www.sxskcb.com

經 銷 者　山西出版傳媒集團·山西人民出版社
承 印 廠　山西出版傳媒集團·山西人民印刷有限責任公司

開　　本　700mm×970mm　1/16
印　　張　9.75
字　　數　105千字
印　　數　1—3000冊
版　　次　2014年12月　第1版
印　　次　2014年12月　第1次印刷
書　　號　ISBN 978-7-203-08773-1
定　　價　25.00圓

《近代名家散佚學術著作叢刊》編委會

出版説明

近代名家散佚學術著作叢刊選取一九四九年以後未再刊行之近代名家學術著作共一百二十册，編例如次：

一、本叢書遴選之著作在相關學術領域具有一定的代表性，在學術研究方向、方法上獨具特色。

二、爲避免重新排印時出錯，本叢書原本原貌影印出版。影印之底本皆經專家組審定，原書字體大小，排版格式均未做大的改變，原書之序言、附注皆予保留。

三、本叢書分爲八大類，以作者生卒年編次。

四、爲使叢書體例一致，本叢書前言後記均采用繁體字排版。

五、個别頁碼較少的版本，爲方便裝幀和閲讀，進行了合訂。

六、少數學術著作原書内容有個别破損之處，編者以不改變版本内容爲前提，部分進行修補，難以修復之處保留缺損原狀。

七、原版書中個别錯訛之處，皆照原樣影印，未做修改。

八、所選版本之抽印本頁碼標注，起始至所終頁碼均照原樣影印，未重新編排標注新頁碼。

由於叢書規模較大，不足之處，殷切期待方家指正。

總序／披沙瀝金，以爲鏡鑒

◇許嘉璐

多年來有一個問題始終在我腦中盤桓：爲什麽在十九世紀末到二十世紀初，在短短的幾十年裹，中國的各個學術領域竟涌現了那麽多大師級的人物？這是中國近代史上一個極爲重要的現象，我認爲，如果不能給出令人滿意的答案，我們撰寫的近代學術史將是不完整的，甚至是缺乏靈魂的。後來我知道，著名人類學家克羅伯曾提出過一個問題：爲什麽天才成群地來？看來這種現象的出現並非中國所獨有，思考其所以然的也大有人在。而在那一次世紀之交中國的情况，似乎應驗了「天才成群地來」這個令克氏久久不解的疑問。錢學森先生曾從相反的方向提出了相同的疑問：爲什麽我們這個時代出現不了杰出人才？後來人們稱這個問題爲「錢學森之謎」。

要回答這些疑問不是件容易的事。與其迅速地囫圇地探尋，不如先多了解那些讓中國近代學術（應該包括人文科學和自然科學）史上閃耀着光輝的大師們的作品和自述，從而在腦海里盡量「復原」他們所處的環境和在那種環境下的心理路徑，從中或許可以得到一些啓示。

有一點是顯然的，這就是他們雖然都已遠離塵世而去，但是他們獨立思考的品性、求知治學的真誠、困厄窮愁中對節操的堅守，恐怕是他們共同的主觀因素，一直影響到現在，而且將會永遠留存下去。

就思想界、學術界而言，二十世紀上半葉是一個新説和舊説碰撞，中學和西學融匯的大時代。那時的學人極爲重視言行操守，同時具備現代知識分子的理想信念；他們的學術研究十分純凈，絶少功利因素；他們的視界開闊，以包容的心態和嚴謹的風格造就了成果的大氣與厚重。至於在客觀因素一面，他們實際是在用工業化時代的事實解説着太史公所説的名山之作「大抵聖賢發憤之所爲作」，困厄苦難使得他們「皆意有所鬱結」。這種鬱結，幾乎和個人的名利毫無牽涉，他們永遠不能釋懷的，是民族的存亡、國運的興衰、民衆的福禍和文脈的續斷。

那個時代也是近代歷史上最大規模的中西古今學術調適、創新的時期，學術方法上的交互滲透和融合、創新亦可謂「於斯爲盛」。斯時之學人是要在封閉的屋墻上鑿出窗子的勇士，是使人能够看看外部世界的第一批導夫先路者；或者可以説，他們是在「意有所鬱結」時「彷徨」和「吶喊」的「狂人」。

相對於那時的哲人們，後來者是幸運兒。現在的形勢是，近三十年來學界空前繁榮，衆多學科有了長足之進，其中很重要的一點是學界有了更新穎、更廣闊的國際視野，似乎接續上了百年前的學壇盛事。但細想想，「古」與「今」還是有差別的。其异，主要不在於世界情勢、學術進展、工具改善這些客觀存在，而在於在廣泛吸收各國優長的同時，自身文化的主體性越來越受到重視，换言之，「拿來主義」已經延長了「拿來」的程序，加上了試用、甄別、篩選、吸收、融合、成長。就我孤陋所見，在當今地球上，面向所有異質文明，努力汲取我之所缺，其範圍之大和心態之切，似乎無出中國之右者。從這個角度説，我們已經超越了前輩。但是事情還有另外一面，學術，特別是人文學科，其職業化、「沙龍化」和功利性，以及隨之而來的浮躁病却嚴重了。從這個角度説，是不是我們已經後退得够可以的了？而這是不是我們這個時代出不了大師的原因之一呢？

民國學術界的特點之一是極爲注重對傳統的反省、批判與繼承。他們對傳統文化盡最大的努力進行整理和研究。一方面，由於戰亂頻仍，民不聊生，學者們擔起了讓中華文化薪火相傳的歷史責任；另一方面，他們要通過對中國傳統文化的整理、挖掘來重振民族自信心。這一時期對傳統文化進行整理的全面而深入是前所未有的，舉凡文字學、語言學、經濟學、法學、哲學、政治制度、書法繪畫、金石學……規模之宏大，研究之精微，令人嘆爲觀止。

民國學術推動了現代學科體系的建立。在對傳統文化整理和研究的基礎上，吸收西方的文化思想和理念，推動和建立了中國現代學科體系。例如，在對語言文字和音韻學成果進行整理、研究的基礎上開始着手規範之，建立了國語學；深入研究書法、國畫，將其融入了現代美術學科；在廢除舊有學制後逐步建立起小、中、大學較完整的科目和學科體系。

民國學術也改變了傳統學術方式，建立了新的研究範式。以現代科學考古爲發端，科研的實踐和成果使中國知識界真正認識到在實驗、比較基礎上的邏輯分析對學術研究的重要，推進了中國學術的一大演變。至於我們常説的打破士大夫傳統、走出書齋到田野鄉村和市民中進行調查研究、結束了經學時代、以歷史眼光檢視儒學和諸子等等，都是確立新學術範式的努力。這一轉變，也標誌着中國學術界脱胎換骨，全面進入了現代，爲此後的學術發展奠定了堅實的基礎。當然，西方啓蒙運動以來，在「現代性」和「現代化」裏潛伏着的缺陷和謬誤也傳到了中國，這些不能不在前哲的著作裏留下痕迹。這並不奇怪。類似的情況，古往今來孰能免之？猶如今天的我們，誰敢自稱我之所見就是永恒的真理？在這個問題上兩個時代所異者，或許就在昔時大家創立新説或譯註西學著作，往往是懷着對學術和前哲的敬畏而爲之，故而常常誤不在我；當今則往往出於對學問和他人的輕蔑，或以所研究的對象爲謀己的工具，因而難辭主觀之咎吧。翻閱他們的心血之作，這些復雜的狀況可以顯見，可以視之爲我們的一面鏡子。

滄海桑田，世事變幻，歷史的動盪和時代的遮蔽，使當年許多大師的一些極有價值的學術著作被棄於故紙堆中，不能不令人有遺珠之憾。爲此，山西人民出版社不惜以數年之艱辛，披沙瀝金，編輯出版這套近代名家散佚學術著作叢刊，凡一百二十册，計文學、史學、政治與法律、美學與文藝理論、民族風俗、宗教與哲學、經濟、語言文獻共八大類別。所選皆爲作者之純學術著作，無論是其見解、精神，抑或是其時代烙印，都是後輩學人可資借鑒的寶貴財富。他們出版這套叢書，意在讓世人不忘來程，知篳路藍縷之不易，爲民族文化的傳承再增薪木。

出版社的初衷，與我近年來所思所慮近似，故願略述淺見於書端，以與策劃者、編輯者和讀者共勉。

二〇一四年七月六日

改定於自安東回京途中

前言

◇王紹培

近代名家散佚學術著作叢刊是一項重大的學術工程，我接到寫這個序言的指令，誠惶誠恐多日，端的是藐予小子，何敢贊一言。

但我亦深知這是一個重温先賢大哲杰出思想成就的寶貴機會。果然，十余部宗教哲學類著述電子版到手，翻閲起來，雖然難免諸多不便，但静心瀏覽，不能不生感慨良多。這批著作全部都在民國期間出版。最早的一本是梁漱溟的究元决疑論，是商務印書館一九二三年出版的。其餘的大部分都出版在二十世紀三十年代的抗戰爆發之前。想想看，彼何時也，政局動盪不已，軍閥混戰不休，而民不聊生，但學術活動仍然頑强掙扎，開展得如火如荼，且學術質量之高，令人驚訝。

所謂學術質量之高亦不是我輩來信口雌黄。事實上，對於這些前輩學人及其成就，學界早有定評。例如，梁啓超（一八七三年—一九二九年）被公認是清朝最優秀的學者，是一位百科全書式的人物。最難以想象的是在他五十六年的短暫生命中，既積極投身從事大量的政治活動和社會活動，又能在哲學、文學、史學、經學、法學、倫理學、宗教學等領域均有建樹，這是怎麽做到的？曾經看見一則逸聞，説梁啓超每天必打八圈麻將，寫八千字文章，他不少文章是邊打麻將邊口授的，簡直神乎其技了，但不知道真假。本叢書收録的梁啓超的中國學術思想變遷史（商務印書館一九二六年出版）被學人贊許之爲「中國學術史上的垂範之作」。梁啓超在經過革命失敗的過程之後，痛定思痛，得出的教訓是要高度重視學術思想，他説：「學術思想之在一國，猶人之有精神也，而政事，法律，風俗，及歷史上種種之現象，則其形質也。」梁啓超認爲，有新學術思想，就會有新國民，有新國民，就會有新國家新世界。從梁啓超的論述可知，他對哥白尼、培根、笛卡爾、孟德斯鳩、盧梭、富蘭克林、瓦特、亞當·斯密、達爾文等等思想家瞭如指掌。他極爲看重思想言論自由，他認爲「春秋末及戰國」爲中國學術思想的「全盛時代」，而追溯所以致盛的原因，「思想言論之自由」爲其中一個重要的方面。其餘諸多因素，除了「由於蘊蓄之宏富也」與歷史積累有關，其他「社會之變遷也」、「交通之頻繁也」、「人材之見重也」、「文字之趨簡也」、「講學之風盛也」，也都跟社會自由有很大的關聯。現在的年輕人有時或者會覺得清末民初的人物都是老古董，但看看梁啓超就知道，他的思想之新鋭先鋒不在現在很多人之下。正因爲梁啓超把學術思想看得如此之重，因此，該書欲總結中國固有學術思想之得失，以西方文化參補之，從而恢復上古與中古時代「我中華第一也」的學術「最高尚最榮譽之位置，而更執牛耳於全世界之學術思想界」。百年之後，看見這樣的雄心壯志，真是讓人唏噓不已。

再如錢基博先生。現在的讀者如果知道錢基博大概多是因爲錢鍾書的緣故，但錢基博先生本身就是碩學鴻儒，父子同爲大師，此等情形較爲罕見。四書解題及其讀法（商務印書館一九三一年出版）亦是錢基博的代表作之一。四書是儒家傳道授業的基本教材，亦是儒學的重要原典。錢基博説他在四十歲時遇見梁啓超，梁啓超送他一本要籍解題及其讀法，他有不同看法，於是成就四書解題及其讀法一書。錢基博的四書解題，回到朱熹的「大語孟中」的次序，所謂「不先乎大學，則無以提綱挈領，而盡語孟之精微；不參之論孟，則無以融會貫通，而極中庸之指趣」。或則，「先讀大學，以立其規模，次及語孟，以盡其蘊奥，而後會其歸於中庸」，蓋以爲學之程序，而第其書之先後也」。衆所周知的是，錢基博不是那種關門閉户死讀書的腐儒，而是心憂天下的君子。就在該書的序言裏，他亦不忘表露初衷：「今四十歲，飽更世患，民治革政，共而不和，争民施奪之既久，寖尋以至今日，又見有專無制，哀哉耗已！末法披昌，人將相食！窮則反本，緬温故書，然後知聖人憂世之情深，仁民之道大也！繕寫既定，而爲考鏡原流，發明指意，於文章典籍之中，得其辨名正物之意，庶幾尼山正名之意云爾！」在錢基博這樣的學人眼裏，做學問跟憂世仁民大有關聯。

這些學者當中，無疑以梁漱溟（一八九三年—一九八八年）的世俗名氣爲最大，在現當代中國歷史上，梁漱溟是一位罕見的絶不阿世媚俗的有風骨的文人。梁漱溟自謂：「我自十四歲進入中學之後，便有一股向上之心驅使我在兩個問題上追求不已：一是人生問題，即人活着爲了什麽，二是社會問題亦即中國問題，中國向何處去……總論我一生八十餘年（指十四歲以後）的主要精力心機，無非都用在這兩個問題上。」梁漱溟曾經兩度自殺，可見其苦悶至深。一九一六年，二十三歲的梁漱溟即寫成究元决疑論，在東方雜誌連載，引起轟動。正因爲是書，二十四歲的梁漱溟被蔡元培校長延聘，進入北大教授印度哲學。關於究元决疑論之緣起，梁漱溟説：「於爾所時，舊執既失，勝義未獲；憂惶煩惱，不得自拔。或生邪思邪見；或縱浪淫樂；或成狂易；或取自經。如此者非財寶事物之所得解，唯法得解……所謂佛學如實論與佛學方便論之二部，前者將以究宣元真，今命之曰『究元第一』；後者將以决行止之疑，今命曰『决疑第二』。世之所急，常在决疑，又智力劣故，不任究元，以是避諱玄談，得少爲足。且不論其所得爲似爲非。究理而先自畫，如何得契宇宙之真？不異於立説之前，自暴其不足爲據。欲得决疑，要先究元。」所謂「究元」，亦即「佛學如實論」，探討宇宙本體問題，揭示佛法的核心教義乃爲「無性」，「無性」亦即「無自性」，世間萬物皆是因緣和合，並無自體自性，如斯則從根本意義上省悟宇宙人生之真相。所謂「决疑」，亦即「佛學方便論」，討論現象界的問題，以究元所得的佛法宇宙人生真諦來認識和指導現實的社會人生。「究元」是佛教立場的本體論，「決疑」是建基於佛教之上的人生觀。欲得決疑必先究元；先解決本體問題，則人生問題就好順勢而爲。值得一説的是，五四時期，中國學術界跟國際社會基本接軌，信息傳遞大體同步。例如，古斯塔夫·勒龐（彼時譯爲魯滂）的各種學説都被悉數譯介，如新物質論甫一翻譯，即被梁漱溟消化，以茲與佛家性空學説參觀對照，按照勒龐的説法，以太是宇宙的本體，以太的「渦動」即爲物質，「渦動」停止物質消滅的過程中派生各種「力」，「力」是同一物的不同形式。梁漱溟認爲以太跟佛家的如來藏或阿賴耶相類似，「渦動」相當於忽然念起，「此渦動便是無明」。除此之外，梁漱溟對各種西方哲學瞭如指掌，例如，他以康德的現象與「物如」（物自體）之分，休謨的不可知論，來印證佛家元哲學之三義：「不可思議義，自然(Nature)軌則不可得義，德行(Moral)軌則不可得義。」復以叔本華的盲目衝動和意欲之説，柏格森的生命哲學來論證「人生基本是苦」的結論，唯有以佛法爲精神支柱，方能安穩自我，清静自守。

相對來説，馮承鈞先生（一八八七年—一九四六年）鮮爲人知。馮承鈞早年留學比利時，後赴法國巴黎大學，主修法律。一九一一年獲索邦大學法學士學位。續入法蘭西學院師從漢學家伯希和。馮承鈞歸國後，曾任北京大學歷史系教授、北京師範大學歷史系教授。馮通曉法文、英文、比利時文、梵文、蒙古文、阿拉伯文、波斯文，兼及古回鶻語、吐火羅語和蒙語八思巴字，並精通中國史籍，在歷史學、歷史地理學、歷史語言學和考古學等方面都有較深的造詣，在史地研究考證方面卓然成家。馮承鈞畢生研究中外交通史和邊疆史，著譯既多且精，是民國時代重要的中外交通史家。馮承鈞從金石書畫以及方誌内裒集了元代的白話聖旨碑，成爲一書，此即元代白話碑，概述元朝白話碑文的歷史背景，並對於元代白話語法加以研究討論。關於歷代求法翻經録，馮承鈞在其叙言中説：「求法傳經二事之重要，已爲西方學者所共知……第此種史料，多散見於釋藏傳記譜録之中。初學不易尋檢。余不敏特爲鳩集舊文，參以新證，凡關於求法翻經之事，皆撮録其要……彙爲一編，名曰求法翻經録。」由此可知，該書是一本資料薈萃之編。

另有兩位不大爲後人所知的學者。一位是江恒源（一八八五年—一九六一年）。江恒源是一位教育家，他的中國先哲人性論是作者一九二四年用八十天的時間寫成的專著，將先秦到明清之際的諸多先哲跟人性有關的觀點、思想娓娓道來。作者認爲，總體來説，中國哲學的起源，和歐洲有點不同。歐洲哲學以「求知」爲出發點，中國哲學以「利行」爲出發點。歐洲人説「哲學起於驚異」，而中國哲學一切以現實認識爲根據……這幾句話要言不煩，道破中西哲學之差異。另一位是熊䕫（一九〇二年—一九八三年）。一九三一年，熊䕫留學美國華盛頓州立大學，獲經濟學博士學位，回國後任國民黨中央政治會議經濟組專門委員。一九三九年出任沅陵税務局局長。一九四〇年冬掛冠歸里，應聘爲三民中學教務主任。熊䕫一生著述頗豐，著有墨子經濟思想史、晚周諸子經濟思想史、江西省財政概況、湖南省財政概況等。其中，晚周諸子經濟思想史算得上是中國經濟史的奠基之作之一。該書綜述道儒法墨四家的經濟思想，同時對百家思想多有論略。

另外三位先生，湯用彤（一八九三年—一九六四年）、朱謙之（一八九九年—一九七二年）、蔡尚思（一九〇五年—二〇〇八年），知名度不大不小，但其實都是極具分量的重要學者。一般認爲，湯用彤是現代中國學術史上少數幾位能會通中西、接通華梵、熔鑄古今的國學大師之一。他的竺道生與涅槃學是其重要的學術著作之一。竺道生是東晋時期的著名高僧，是鳩摩羅什的弟子。竺道生認爲那些斷了善根的人也可以成佛，他又主張頓悟成佛，這些都不是主流的觀點。竺道生是東晋最著名的涅槃學者，他把作爲精緻哲學形態的般若學和粗俗的成佛説教結合起來，着重闡發涅槃佛性説，認爲「真空妙有」契合無間，開創佛教一代新風，因此被尊爲「涅槃聖」。朱謙之是二十世紀著名歷史學家、哲學家和東方學家，亦有「百科全書式學者」的美譽。他年輕時曾經短暫出家爲僧，後來發現，佛教不能實現自己的夙願，因此跟佛門斷絕關係。他主張宇宙人生是一股真情之流。他的中國思想對於歐洲文化之影響（一九四〇年出版）一書的寫作，歷時五年，他自認爲是「最細心結撰的一部著作」。朱先生認爲，東西文化各有其自身的歷史特徵，但是，這並不妨礙它們同時通過各種途徑接受、吸納對方的影響。在十七至十八世紀，中國哲學文化給予歐洲思想界的影響歷歷可數。在十六至十七世紀則以來華的耶穌會士爲媒介，中國哲學文化特别是孔子哲學被廣泛譯介到歐洲大陸，成爲歐洲理性時代來臨的外來思想條件。東西文化的相互影響、接觸，給世界文明帶來了强大的推動力。朱謙之先生的這部重要的著作，對於研究中西方文化史的後來學者，仍然是一座繞不過去的學術高峰。蔡尚思先生是哲學家，亦是中國思想史專家。他出版中國三大思想之比觀一書時是二十八歲，寫成則是二十四歲，而在此前的二十一歲時，他就寫成了研究孔子哲學、老子哲學和墨子哲學的專著。所謂中國三大思想，指的是老孔墨三家。蔡尚思先生將三家思想的方方面面比較對照，細緻而又周全。例如，他認爲老子是藝術的，墨子是功利的，孔子則介乎兩者之間；老子以死天爲主，活人法死天，無爲自然；孔子以天鬼爲名，以君王爲實，視天子嚴君如天帝鬼神；墨子以活天爲主，視死天如活人，兼愛交利……這些比較十分具體，發人深省，後之學者反而不做如此細緻的功夫了。

即使是非常粗略地瀏覽民國學人的著述，也不難發現一點，這些學者何以在年紀輕輕時就已經開始著書立説，而且水準頗高？我們站在新中國的立場回望，覺得彼時天地之舊，但如果他們站在辛亥革命之後前瞻，或許看見的全是風物之新。因此，當時的人或者滿是志氣，要在新天地有所作爲。及至戰亂迭起，他們更是堅定了文化返本開新的決心。從教育的角度來説，當時的精英教育使能够接受教育的人都是英才，而這些教育英才的人和英才自己也都非常珍惜機會，所以成才率顯然比今天高。中外學術思想交流的順利和及時，也是民國學術思想繁榮的一個原因。我們看梁漱溟等人的書，不難發現他們對國外各種思想潮流都瞭如指掌，各家各派的學説都被拿來爲我所用。當然，學術思想的相當自由也保證了這些學者在著書立説時，較少外部顧慮，一心把書寫成、把文章做好就對了。這些其實遠遠不算完美的局面，仍然因爲日本人的侵略而被打斷，内戰的影響也顯而易見。及至新中國建立，學術範式、語言、議題、旨趣等等完全轉型，一個時代就這樣結束了。

因此，今天我們重温民國學人的思想，除了瞻仰他們曾經到達的思想高度之外，也是順便看看，學術思想在一種相對自然而正常的情況下，可以呈現出一種怎樣的風貌，結出怎樣的碩果，而於我們中國人會有怎樣的信心跟鼓勵。值得慶幸的是，二十世紀八十年代開始，我們又回到了一個總體來説學人可以有所作爲的環境中，至於新世紀的學人可以取得怎樣的成就，在很大程度要看個人自己的努力和争取了。

作者簡介

梁啓超（一八七三年—一九二九年），中國近代史上著名的政治活動家、啓蒙思想家、教育家、史學家和文學家、學者。戊戌變法（百日維新）領袖之一。曾倡導文體改良的「詩界革命」和「小説界革命」。其著作編爲飲冰室合集，包括影響後世深遠的中國近三百年學術史、中國歷史研究法、少年中國説等。

中國古代學術流變研究十篇

目次

莊子天下篇釋義

吳其昌筆記

古人著書敍錄皆在全書之末。如淮南子要略。太史公自序。漢書敍傳。其顯例也。天下篇卽莊子全書之自序。近人胡適疑此篇爲非莊周作。（中國哲學史大綱二三六及二五四葉）莊子書有後人羼附之作。外篇雜篇可疑者更多。無容爲諱。惟天下篇似無甚懷疑之餘地。懷疑論最大之理由。因篇中有『桓團公孫龍辯者之徒』一語。謂莊周與公孫龍年代不應相及。欲解決此問題。當先研究惠施公孫龍之年代。以定莊周之年代。莊周與惠施爲友。屢見本書。可認爲確定之事實。惠施相梁惠王。惠王死時。參與喪禮。事見戰國策。實西紀前三一九年也。其後尚生存若干年。無可考。而莊周之卒。又在施後。本書徐無鬼篇有『莊子送葬過惠子之墓』語可證。公孫龍爲平原君客。見戰國策呂氏春秋及史記。平原君相趙惠文王及孝成王。見史記本傳。趙惠文王以周赧王十七年卽位。卽以弟勝爲相。封平原君。見六國表。實西紀前二九八年。上距魏惠王之死二十一年耳。公孫龍當信陵君救趙破齊時。前二五七年。尚生存。見戰國策。假令龍其年八十歲。則當梁惠王死時。龍年已三十。況施之死在惠王後。而莊周之死又在施後耶。然則莊周上與惠施爲友。而下及見公孫龍之辯。更何足怪。胡氏一則曰『天下篇定是戰國末年人造的』再則曰『天下篇決不是莊子自作的』此種決絕的否定。未免過於武斷。此篇文體極樸茂。與外篇中淺薄圓滑之各篇不同。故應認爲莊子書中最可信之篇。

批評先秦諸家學派之書以此篇爲最古後此有荀子非十二子篇及解蔽篇天論篇各數語有淮南子要略末段有史記孟子荀卿列傳中附論各家有太史公自序述司馬談論六家要指有漢書藝文志中之諸子略天下篇不獨以年代之古見貴而已尤有兩特色一曰保存佚說最多如宋鈃、愼到、惠施公孫龍等或著作已佚或所傳者非眞書皆藉此篇以得窺其學說之梗概二曰批評最精到且最公平對於各家皆能擷其要點而於其長短不相掩處論斷俱極平允可作爲研究先秦諸子學之嚮導故此篇可認爲國學常識必讀之書今解釋如下

天下之治方術者多矣皆以其有爲不可加矣

言各自以其所持之說爲無上之眞理也郭注誤

古之所謂道術者果惡乎在曰無乎不在

曰神何由降明何由出聖有所生王有所成皆原於一

神明猶言智慧前答已言道無乎不在此復問知道之智慧何自來而答以皆出於一也

不離於宗謂之天人不離於精謂之神人不離於眞謂之至人以天爲宗以德爲本以道爲門兆於變化謂之聖人以仁爲恩以義爲理以禮爲行以樂爲和薰然慈仁謂之君子

天人神人至人聖人之造詣如何分別不必强解大抵皆指能有契於道之本體者君子則能有協於道之作用者也

以法爲分以名爲表以參爲驗以稽爲決其數一二三四是也百官以此相齒

此言道之條理演而爲法播而爲名析而爲數皆官守之事也以參爲驗謂比較而得經驗以稽爲決謂稽考前例以定可否

以事爲常以衣食爲主蕃息畜藏老弱孤寡爲意皆有以養民之理也

『老弱孤寡爲意』文不可通疑『爲意』二字當在『養』字下文爲蕃息畜藏老弱孤寡皆有以養爲意』蕃息就子姓言畜藏就財賄言子孫蕃衍生計饒裕窮苦者皆有所養以此爲意嚮此民之恆性也

以上一段皆言道之全量上與天合而下散在器數以適於人生日用故曰『無乎不在』

古之人其備乎配神明醇天地育萬物和天下澤及百姓明於本數係於末度六通四辟小大精粗其運無乎不在

此言能有見於道之全量者

其明而在數度者舊法世傳之史尙多有之其在於詩書禮樂者鄒魯之士縉紳先生多能明之詩以道志書以道事禮以道行樂以道和易以道陰陽春秋以道名分

此論儒家也道之本體非言辭書册所能傳其所衍之條理即『明而在數度者』則史官記焉而鄒魯之儒傳之詩書禮樂易春秋之六藝實爲其寶典

其數散於天下而設於中國者百家之學時或稱而道之

此言百家『皆原於一』

天下大亂賢聖不明道德不一天下多得一察焉以自好譬如耳目鼻口皆有所明不能相通猶有家衆技也皆

有所長時有所用雖然不該不徧一曲之士也判天地之美析萬物之理察古人之全寡能備於天地之美稱神明之容

郭注讀「天下多得一」爲句王念孫謂當以「天下多得一察焉以自好」爲句俞樾云「察當讀爲際一際猶一邊也廣雅釋詁際邊並訓方是際與邊同義得其一際即得其一邊正不知全體之謂」啓超案俞說是中庸「言其上下察也」即上下際下文「察古人之全」亦當讀爲際察字與判字析字並舉皆言割裂天地之美萬物之理古人之全而僅得其一體此所以不該不徧而適成其爲一曲之士也「稱神明之容」稱者適合也言寡能充智慧之量與其本來情狀相稱也

是故內聖外王之道闇而不明鬱而不發天下之人各爲其所欲焉以自爲方悲夫百家往而不反必不合矣後世之學者不幸不見天地之純古人之大體道術將爲天下裂

以上爲全篇總提「內聖外王之道」一語包舉中國學術之全部中國學術非如歐洲哲學專以愛智爲動機探索宇宙體相以爲娛樂其旨歸在於內足以資修養而外足以經世所謂「古人之全」者即此也「各爲其所欲焉以自爲方」方即「治方術」之方各從其一察之明以自立學派各趨極端故曰「往而不反」莊子雖道家者流然以鄒魯儒家誦法六藝者爲能明於度數而對於關尹老聃及自己皆置諸「不該不徧」「往而不反」之列可謂最平恕的批評態度

不侈於後世不靡於萬物不暉於數度以繩墨自矯而備世之急古之道術有在於是者墨翟禽滑釐聞其風而說之

墨家專講現世主義。故曰不侈於後世。常愛惜物力。故曰不靡於萬物。排斥繁文縟節。故曰不暉於數度。暉猶炫燿也。

禽滑釐。墨子弟子。（見墨子公輸篇）初受業於子夏。（見史記儒林傳）後學於墨子。（見呂氏春秋當染篇）

爲之大過。已之大順。

已。止也。即下文『明之不如其已』之已。大順即太甚之意。順甚音近可通也。言應做之事做得太過分。應節止之事亦節止得太過分也。郭注云『不復度衆所能』。成疏云『適用己身自順』。將已字讀成己字。失之。

作爲「非樂」。命之曰「節用」。生不歌。死無服。

非樂節用皆墨子篇名。

墨子汎愛兼利而非鬬。其道不怒。

墨子書中屢言『兼而愛之兼而利之』。有非攻篇。

又好學而博不異。

博。普徧也。言一律平等無別異。荀子所謂『墨子有見於齊無見於畸也』。

不與先王同。毀古之禮樂。黃帝有咸池。堯有大章。舜有大韶。禹有大夏。湯有大濩。文王有辟雍之樂。武王周公作武。古之喪禮。貴賤有儀。上下有等。天子棺椁七重。諸侯五重。大夫三重。士再重。今墨子獨生不歌。死不服。桐棺三寸而無椁。以爲法式。以此教人。恐不愛人。以此自行。固不愛己。未敗墨子道。雖然。歌而非歌。哭而非哭。樂而非樂。是果類乎。

『未敗墨子道』者言墨家者流持之有故言之成理就墨言墨誠不足以敗其所道雖然歌也哭也樂也皆人類本能今乃非之是果爲知類矣乎易言『以類萬物之情』今反其情是不類矣其生也勤其死也薄其道大觳使人憂使人悲其行難爲也恐其不可以爲聖人之道反天下之心天下不堪墨子雖獨能任奈天下何離於天下其去王也遠矣

郭注云『觳無潤也』啓超案『觳薄也』史記始皇本紀云『雖監門之養不觳於此矣』言不能視此更薄也『不可以爲聖人之道』言非內聖之學『去王也遠』言非外王之學非樂是墨家最站不住脚處此段批評能中其癥結

墨子稱道曰昔者禹之湮洪水決江河而通四夷九州也名山三百支川三千小者無數禹親自操槖耜而九雜天下之川腓无胈脛无毛沐甚雨櫛疾風置萬國禹大聖也而形勞天下也如此

兪樾云『名山當作名川字之誤也』槖據釋文云應作橐九雜釋文云『九音鳩本亦作鳩聚也』啓超案論語『桓公九合諸侯』九亦訓鳩

使後世之墨者多以裘褐爲衣以跂蹻爲服日夜不休以自苦爲極曰不能如此非禹之道也不足謂墨

釋文引李云『麻曰屩木曰屐屐與跂同屩與蹻同』

相里勤之弟子五侯之徒南方之墨者苦獲己齒鄧陵子之屬俱誦墨經

韓非子顯學篇『自墨子之死也有相里氏之墨有相夫氏之墨有鄧陵氏之墨……墨離爲之』元和姓纂稱相里子鄧陵子俱有著書

墨經者今墨子經上經下篇是也。

而倍譎不同相謂「別墨」

倍卽背字。倍譎蓋外向違異之意。郭慶藩引呂覽明理篇『日有倍僪』高注『日旁之危氣也。在兩旁反出爲倍。在上反出爲僪。』是也。相謂別墨者。互相詆斥以爲非墨家正統也。

以堅白同異之辯相訾。以觭偶不仵之辭相應。

成疏云『訾毀也。獨唱曰觭。音奇。對辯曰偶。仵倫次也。』釋文云『仵不同也』啓超案。觭字不見他書。疑爲畸之異文。實卽奇字。說文云『奇。不偶也。』此文蓋擧當時常用之三個辯論題爲例。一堅白問題。二同異問題。三奇偶問題。此三問題爲戰國中葉以後學者所最樂道。而其源皆出墨經。經上云『堅白不相外也』經下云『不堅白說在無久與宇。堅白說在因。』經說下『無堅得白。必相盈也。』此墨經中之堅白說也。經上云『同異而俱之於一也』又云。『同異交得知有無』此墨經中之同異說也。經下云『一偏棄之』又云『不可偏去而二』經說下云『二與一亡不與一在』此墨經中之奇偶說也。後世之墨者。罕復厝意於節用非攻諸教理。但摭拾墨經中此類問題以相訾嗷。以致倍譎不同。此爲墨學末流第一種流弊。

以巨子爲聖人。皆願爲之尸。冀得爲其後世。至今不決。

墨子有『巨子』以統轄信徒。頗類羅馬敎之法皇。又類喇嘛敎之達賴或班禪。制度極爲詭異。其鉅子姓名見於故書者有三。一孟勝。二田襄子。俱見呂氏春秋上德篇。三腹䵍。見呂氏春秋去私篇。據莊子此文。知當時

對於鉅子之傳繼有紛爭不決事亦與基督教史上法皇傳統之爭相似矣此爲墨學末流第二種流弊

墨翟禽滑釐之意則是其行則非也將使後世之墨者必自苦以腓無胈脛無毛相進而已矣亂之上也治之下也

成疏云『進過也』言徒奬厲人以過度之刻苦相競也『亂之上也治之下也』者謂遵此道以行是亂之於上而欲求治之於下必不可得之數矣舊注皆失之

雖然墨子眞天下之好也將求之不得也雖枯槁不舍也才士也夫

言墨子眞天下絕可愛之人物其積極邁往之精神百折不撓也文義甚明舊注失之

以上論墨翟禽滑釐竟

不累於俗不飾於物不苟於人不忮於衆願天下之安寧以活民命人我之養畢足而止以此白心古之道術有在於是者宋鈃尹文聞其風而悅之

章炳麟曰『苟者茍之誤』案是也郭注云『忮逆也』案忮卽忌嫉之忮言於人無嫉忌耳此蓋『無抵抗主義』之意以此白心者謂以此等觀念說明心理現象也

宋鈃孟子作宋牼本書逍遙遊篇韓非子顯學篇皆作宋榮子荀子非十二子篇以之與墨翟並稱漢書藝文志有尹文子一篇在名家今存者析爲二篇似尙可信

宋鈃與孟子同時孟子尊呼之爲『先生』其年輩當較孟子爲老孟子齊宣王時人也尹文則與宣王子湣王同時有問答語見呂覽正名篇然則尹文蓋宋鈃之弟子或後學也

作爲華山之冠以自表。

郭注云『華山上下均平』釋文云『作冠象之表己心均平也』案戰國時人好作奇服以寄象徵如鷸冠子及屈原所謂『高余冠之岌岌』皆是。

接萬物以別宥爲始。

呂氏春秋去宥篇云『夫人有所宥者因以晝爲昏以白爲黑……故凡人必別宥然後知別宥則能全其天矣』尸子廣澤篇云『料子貴別囿』汪繼培云『宥與囿通』案別宥卽去囿謂去其囿蔽者如荀子之言解蔽矣。

語心之容命之曰『心之行』

語心之容者謂說明心理狀態命之曰心之行者謂人類之道德的行爲皆心理運行自然之結果故名爲「心之行」宋鈃本爲墨學支派其主張大率同於墨子所異者墨子唯物論的氣味太重宋子以唯心論補之令墨學從心理學上得一根據彼所標兩條最重要敎義曰『見侮不辱』曰『情欲寡淺』皆從心理立論看下文自明。

以聏合驩以調海內請欲置之以爲主。

此數句最難解舊設斷句如下『以聏合驩以調海內請欲置之以爲主』而解釋極牽强第三句尤不可通。啓超以爲「請欲」當讀爲「情欲」卽下文「情欲寡淺」之情欲也請讀爲情墨子書中甚多非命中『衆人耳目之情』非命下作『衆之耳目之請』明鬼下『不以其請者』又『夫衆人耳目之請豈足以斷疑哉。』皆當讀爲情。（說詳孫氏墨子閒詁）然則情請二字古通用甚明。聏字不見他書。郭嵩燾據莊子闕誤引作胹。訓爲爛也熟也輭也。大概當是宋鈃尹文用軟熟和合歡喜的教義以調節海內人的情欲。卽以此種情欲爲學說基礎。故曰『以聏合驩以調海內請欲置之以爲主。』下文『請欲固置五升之飯足矣』義亦同。

見侮不辱救民之鬭。禁攻寢兵救世之戰。

荀子正論篇『子宋子曰明見侮之不辱使人不鬭。人皆以見侮爲辱。故鬭也。知見侮之爲不辱則不鬭矣。』見侮不辱是宋子主要教理之一。條呂氏春秋正名篇述尹文與齊湣王問答語專闡發『見侮不辱』之理。可見尹文亦專以此爲教。彼輩教人確信被人侮之不足爲辱。用此種心理爲實行無抵抗主義之基礎。與近世俄人托爾斯泰之說酷相類。

以此周行天下上說下敎。雖天下不取。强聒而不舍者也。故曰『上下見厭而强見也。』

正論篇云『今子宋子嚴然而好說。聚人徒。立師學。成文曲。』又云『率其羣徒。辨其談說。明其譬稱。』合諸此文。則宋鈃對於其主義之熱烈宣傳狀況可以想見。

雖然其爲人太多。其自爲太少。曰『請欲固置五升之飯足矣。』先生恐不得飽。弟子雖飢。不忘天下。日夜不休。曰『我必得活哉。』

「請欲」讀爲情欲。宋子之意。謂人類情欲之本質。但能得五升之飯斯已足矣。此卽「情欲寡」之說也。正論篇云『子宋子曰人之情欲寡而皆以己之情爲欲多。是過也。』「情欲寡」之論據何如。今無可考。例如兩性相愛。決不以多爲貴。鼴鼠飮河。不過滿腹。凡此皆足以持之有故。言之成理。宋子所言。得非此類耶。

圖傲乎救世之士哉。

郭注云『圖傲。揮斥高大之貌。』

曰『君子不爲苛察。不以身假物。』以爲『無益於天下者。明之不如已也。』

此皆述宋鈃尹文之言也。不以身假物者。謂不肯將此身假借與外物。猶言不爲物役也。宋尹之意。以爲吾人何爲而求智識。將以有益於天下也。苟無益者。則何必費心力以研究闡明之。不如其已也。可已而不已。則苛察而已。以身假物而已。君子所不爲。

以禁攻寢兵爲外。以情欲寡淺爲內。其小大精粗。其行適至是而止。

外。外王之道也。內。內聖之道也。宋尹對於一切問題。凡自己所認爲『無益於天下者』。則不肯研究。故其所標主義極簡單。實際上只有兩條。外的經綸。只提倡禁攻寢兵。內的修養。只提倡情欲寡淺。其所得於道之小大精粗。亦恰以此爲分際而已。

以上論宋鈃尹文。竟惟所論者似是宋鈃多而尹文少。據現存之尹文子。其學風不盡與此同也。

公而不當。易而無私。決然無主。趣物而不兩。不顧於慮。不謀於知。於物無擇。與之俱往。古之道術有在於是者。

釋文云『當。崔本作黨。云至公無黨也。』決然無主者。謂排除主觀的先入之見也。趣物而不兩者。兩謂介於兩可之間。確定一標準。則不兩矣。不顧於慮。不謀於知。皆排除主觀之意。愼到一派。吾嘗名之爲「物治主義」(先秦政治思想史一九及二四二葉)此數語卽物治之根據也。下文更詳言之。

彭蒙田駢愼到聞其風而悅之。

彭蒙除本書外僅一見於尹文子據彼書似是田駢弟子想未可信漢志有田子二十五篇在道家原注云『名駢齊人游稷下號天口駢』書今佚有愼子四十二篇在法家原注云『名到先申韓』書已佚今所傳五篇乃後人輯本近四部叢刊有江陰繆氏所藏兩卷本愼子明人僞撰也荀子非十二子篇愼到田駢並舉史記孟子荀卿列傳謂愼到趙人田駢齊人

齊萬物以爲首曰天能覆之而不能載之地能載之而不能覆之大道能包之而不能辯之知萬物皆有所可有所不可故曰選則不徧教則不至道則無遺者矣

齊萬物以爲首言以齊物爲根本義與上文『接萬物以別宥爲始』句法正同萬物有所可有所不可由天賦材質不同以人力選擇之敎督之皆無當惟因勢利導斯可耳道卽導字愼子云『天道因則大化則細因也者因人之情也人莫不自爲也化而使之爲我則莫可得而用故用人之自爲不用人之爲我則莫不可得而用矣』因卽道則無遺之「道」選與敎皆自懸一目的使物就我卽所謂『化而使之爲我』也「因」則正所謂齊物也

是故愼到棄知去己而緣不得已泠汰於物以爲道理

棄知去己是愼到學說根本釋詳下文泠汰郭注云『聽放也』未知所本

曰知不知將薄知之而後鄰傷之者也

此二語頗難解大概謂自以爲知者實則不知耳薄卽『薄而觀之』之薄鄰讀爲『磨而不磷』之磷迫近一物欲求知之適所以傷之而已

謑髁無仕而笑天下之尙賢也縱脫無行而非天下之大聖

謑髁蓋谿刻之音轉言谿刻而不信任人也彭蒙田駢愼到一派最反對人治主義尹文子云『田子讀書曰「堯時太平」宋子曰「聖人之治以致此乎」彭蒙在側越次而答曰「聖法之治以致此非聖人之治也」宋子曰「聖人與聖法何以異」彭蒙曰「子之亂名甚矣聖人者自己出也聖法者自理出也理出於己己非理也己能出理理非己也」……』儒墨皆宗人治主義故主張尙賢彭蒙等上承道家下啓法家故循老子『不尙賢』之說而非笑賢聖

椎拍輐斷與物宛轉舍是與非苟可以免不師知慮不知前後魏然而已矣推而後行曳而後往若飄風之還若羽之旋若磨石之隧全而無非動靜無過未嘗有罪是何故夫無知之物無建己之患無用知之累動靜不離於理是以終身無譽故曰『至於若無知之物而已無用賢聖夫塊不失道』

此一大段是愼到一派學說之主眼『夫無知之物無建己之患無用知之累』三句尤爲重要愼子云『夫投鉤以分財投策以分馬非鉤策爲均也使得美者不知所以美得惡者不知所以惡所以塞願望也』鉤與策皆無知之物然其爲用則『公而不黨易而無私』建己者猶言以己爲目標建己則願望集於己身斯爲患矣用知而云累者愼子又云『措鈞石使禹察之不能識也懸於權衡則豪髮識矣』此言人知之不足恃用之徒爲累反不如鈞不權衡等無知之物之能得正鵠也管子云『因也者舍己而以物爲法也』『棄知去己而緣不得已』『至於若無知之物無用賢聖』即是此意此法治主義之根本觀念也

豪桀相與笑之曰愼到之道非生人之行而至死人之理適得怪焉

如愼到說則一切成爲機械的等於死人矣。

田駢亦然學於彭蒙得不敎焉。

敎則不至故以不敎爲敎。

彭蒙之師曰『古之道人至於莫之是莫之非而已矣』其風窢然惡可而言常反人不見觀而不免於魭斷。

常反人不見觀句不可解或是返觀人所不見處之意郭云『魭斷無圭角也』

其所謂道非道而所言之韙不免於非。

置無知之物如鈞石權衡之類謂爲無私黨然此物畢竟由人所置又安見其不於置時生私黨乎故愼到等之論仍不徹底也。

以上論彭蒙田駢愼到竟

彭蒙田駢愼到不知道雖然概乎皆嘗有聞者也。

以本爲精以物爲粗以有積爲不足澹然獨與神明居古之道術有在於是者關尹老聃聞其風而悅之

漢書藝文志有關尹子九篇在道家已佚今傳者唐以後人僞作也。

建之以常無有主之以太一。

謂建立常無常有之兩元而實歸宿於一也老子云『常無欲以觀其妙常有欲以觀其竅此兩者同出而異名同謂之玄』

以濡弱謙下爲表以空虛不毀萬物爲實。

空虛卽常無不毁萬物卽常有

關尹曰『在己無居形物自著其動若水其靜若鏡其應若響芴乎若亡寂乎若清同焉者和得焉者失』未嘗先人而常隨人

老聃曰知其雄守其雌爲天下谿知其白守其辱爲天下谷

今本老子作『知其白守其黑』此以辱谷協韻當是原文

人皆取先己獨取後曰受天下之垢人皆取實己獨取虛無藏也故有餘巋然而有餘其行身也徐而不費無爲也而笑巧人皆求福己獨曲全曰苟免於咎以深爲根以約爲紀曰堅則毁矣銳則挫矣常寬容於物不削於人可謂至極關尹老聃乎古之博大眞人哉

以上論關尹老聃竟所論雖極推崇然於其趨避取巧似不無微辭

芴漠無形變化無常死與生與天地並與神明往與芒乎何之忽乎何適萬物畢羅莫足以歸古之道術有在於是者莊周聞其風而悅之

郭云『莊子通以平意說己與說他人無異也』前文以百家衆技比諸耳目鼻口不能相通其論自己亦儕諸耳目鼻口之一不自翹異是批評家絕好態度

以謬悠之說荒唐之言無端崖之辭時恣縱而不儻不以觭見之也

「而不儻」釋文作「而儻」不字蓋涉下而衍觭卽畸字荀子天論篇『墨子有見於齊無見於畸』畸者不齊之意莊子言齊物故不以觭見

以天下爲沈濁不可與莊語以卮言爲曼衍以重言爲眞以寓言爲廣

本書寓言篇『寓言十九重言十七卮言日出和以天倪』釋文在彼篇引司馬彪云『卮言謂支離無首尾言也』重言者彼文云『所以已言也』蓋引昔人所言以爲重之意寓言者彼文云『藉外論之親父不爲其子媒親父譽之不若非其父者也』寓寄也以己所欲言者寄諸他人之口也

獨與天地精神往來而不敖倪於萬物

敖倪卽傲睨雖游心天地而亦不鄙夷世俗也

不譴是非以與世俗處

本書齊非論云『彼亦一是非此亦一是非果且有彼是乎哉果且無彼是乎哉』莊子以爲眞理是相對的非絕對的故不譴是非

其書雖瓌瑋而連犿無傷也其辭雖參差而俶詭可觀彼其充實不可以已上與造物者遊而下與外死生無終始者爲友其於本也宏大而辟深閎而肆其於宗也可謂稠適而上遂矣

辟音闢稠釋文云『本亦作調』遂達也

雖然其應於化而解於物也其理不竭其來不蛻芒乎昧乎未之盡者

不竭言未能盡不蛻言未能化此自謙之辭以上自評竟

老莊並稱然其學風蓋不無異同老子以濡弱謙下爲表常欲爲天下谿爲天下谷（爲天下所歸）欲曲全苟免於咎常以堅則毀銳則挫爲慮其自私自利之意蓋甚多結果流爲楊朱爲我一派莊子則純粹樂天主

義。任天而動。眼光提到極高。心境放到極寬。人世間榮辱得喪。無一足以嬰其慮。谿於何有。谷於何有。毀於何有。挫於何有。故一面與天地精神往來。一面又不敖倪於萬物。莊子之深閎稠適。蓋在此。

惠施多方。其書五車。

惠施年代略見前序。方卽「治方術」之方。

其道舛駁。其言也不中。

不中者不適用之意。論語「夫人不言。言必有中。」言所言皆適用也。荀子非十二子篇論惠施云。「辯而無用。」

厤物之意曰。

爾雅釋詁云。「厤。數也。」堯典。「厤象日月星辰。」大戴記。「厤日月而迎送之。」厤。蓋含分析量度之意。意。大概也。（章炳麟曰「禮運云「非意之也」注「意心所無慮也」廣雅釋訓「無慮都凡也」在心計其都凡曰意在物之都凡亦曰意」）厤物之意者。謂析數物理之大概。

至大無外。謂之大一。至小無內。謂之小一。

此條及下一條。皆就空間之累積分析立論。頗含一部分眞理。幾何學言點 面體。點之小。幾於無內矣。然非不可析。特無利器以析之耳。可析 點。皆面之所積。則雖謂之體焉可也。屢析而點無盡。故只能謂之小一。而不能謂之無內。從而累之。體復爲點。體又可倍累。屢累而體無盡。故只能謂之大一。而不能謂之無外。（參看章炳麟國故論衡明見篇）

無厚不可積也。其大千里。

厚卽幾何學之體墨子經上云『厚有所大也』有體可指謂之厚本書養生主『彼節者有間而刃者無厚以無厚入有間恢恢乎其於游刃必有餘地矣』刀刃之芒卽無厚之一例更析而折之至於不可積之極微點然總是占有空間之一部分與其大千里無以異以廣博無垠之空間視區區千里不幾於不可積之無厚乎

天與地卑山與澤平

卑爲比之假借字荀子不苟篇『山淵平天地比此說之難持者也而惠施鄧析能之』卽指此義其論據如何今無從考疑其謂高下隆窪皆人類意想中之幻名非天地山澤本體所有或謂高下隆窪皆相對的名詞無絕對的意義

日方中方睨物方生方死

此惠子之時間觀念也大意是主張有過去未來而無現在睨側視也故凡側亦可稱爲睨日方中方睨言日方中天而同時已昃也一刹那前現在未至一刹那後現在已逝故方中方睨方生方死也

大同而與小同異此之謂小同異萬物畢同畢異此之謂大同異

凡物皆有自相有共相就其共相言之則莫不同就其自相言之則莫不異例如動物與動物爲大同人與人獸與獸爲小同人與人爲大同中國人與中國人印度人與印度人爲小同此之謂小同異中國人印度人同爲人人獸同爲動物動植物同爲物物有物的共相故畢同不特動物與植物異人與獸異中國人與印度人異卽在中國人中終無有兩人以上能同心同貌者各有其自相故畢異此之謂大同異

南方無窮而有窮。

此亦空間的相對論。言南方有窮者。吾儕立於一平面以指其方向耳。平面並非物之定形。若易以圓面。則循無窮的南而窮之。將反爲北矣。故曰南方無窮而有窮。

今日適越而昔來。

此亦時間的相對論。方言今已成昔。故今適越亦可云昔來。胡適謂含有地圓的意味。因時差關係西方人可指東方人之今日爲昨日。說亦可通。但恐非惠施本意。

連環可解也。

論據如何。不敢强推。

我知天下之中央。燕之北越之南是也。

此亦空間的相對論。釋文引司馬云『天下無方。故所在爲中。』殆得其意。胡適亦以地圓論解之。似太淺薄。

氾愛萬物。天地一體也。

惠施將時間空間物我同異諸差別相皆撥棄之。以立天地一體之理論。故其作用自歸宿於氾愛萬物。惠子蓋墨學之支流。欲使兼愛說在哲學上能得合理之基礎也。

呂氏春秋愛類篇。『匡章謂惠子曰。公之學去尊。……』然則惠子殆主張絕對的平等論也。

惠施以此爲大觀於天下而曉辯者。天下之辯者相與樂之。

以下皆惠施之徒所樂道之諸問題什九皆詭辯也。其論據不可悉考。今採舊注及近人說姑爲推衍如下。

卵有毛。

釋文引司馬云『胎卵之生必有毛羽……毛氣成毛羽氣成羽雖胎卵未生而毛羽之性已著矣』案此言鷄卵中含有鷄毛的原素其理可通。

鷄三足。

司馬云『鷄兩足所以行而非動也故行由足發動由神御今鷄雖兩足須神而行故曰三足也』案最有名之『臧三耳』說與此同一方式。

郢有天下

蓋言郢爲天下之一部分則天下可謂之爲郢所有此以局稱冒全稱之詭辯也。

犬可以爲羊。

司馬云『名以名物而非物也犬羊之名非犬羊也非羊可以名爲羊則犬可以名羊』此種詭辯荀子所謂不察乎所爲有名而惑於用名以亂名者也。

馬有卵丁子有尾。

此兩事不得其說。

火不熱。

蓋言熱乃由人之感覺而得名非火之固有屬性此理可通。

山出口輪不蹍地。

此兩事不得其說。

目不見。

蓋言目必有所對待而後見。故徒目則不見

指不至至不絕。龜長於蛇。矩不方規不可以爲圓。鑿不圍枘。

此四事不得其說。

飛鳥之景未嘗動也。

列子仲尼篇作『影不移。』魏牟釋之曰『影之移說在改也。』墨子經下篇亦云『景不徙說在改爲。』胡適云『影處處改換後影已非前影前影雖看不見其實只在原處若用照相快鏡一步一步的照下來便知前影與後影都不曾動。』此說得之。

鏃矢之疾而有不行不止之時。

司馬云『形分止勢分形形分明者行遲。勢分明者行疾。目明無形分無所止。則其疾無間。矢疾而有間者。中有止也。』矢發後須歷若干時間乃達其鵠。可見矢之勢雖不止而矢之形實有不行之時也。

狗非犬

爾雅云。『犬未成豪曰狗。』此屏局稱於全稱之外。與『郢有天下』恰相反。然同一詭辯。

黃馬驪牛三。

司馬云。『牛馬以二爲三。兼與別也。……』原意或如此。今不具引。

白狗黑。

司馬云『白狗黑目亦可為黑狗。』

孤駒未嘗有母。

釋文引李云『言孤則無母孤稱立則母名去也。』

一尺之捶日取其半萬世不竭。

司馬云『若其可析則當有兩若其不可析其一常存故曰萬世不竭。』此條極含眞理。

此上二十一事中鳥影鏃矢尺棰三事確中名理火熱目見義亦可通。餘則恐皆詭辯而已。胡適大為之辯護以張其軍今倘有辯者「相與樂之」可讀彼著也。

辯者以此與惠施相應終身無窮。桓團公孫龍辯者之徒。

列子仲尼篇『公孫龍怪而妄言……與韓檀等肄之』韓檀當即桓團。

飾人之心易人之意能勝人之口不能服人之心辯者之囿也。惠施日以其知與人之辯特與天下之辯者為怪。此其柢也。

俞樾曰『與人之辯義不可通蓋涉下句天下之辯者而衍之字。柢與氐通。史記秦始皇本紀「大氐盡畔秦吏」正義曰「氐猶略也」此其柢也。猶云此其略也。

然惠施之口談自以為最賢曰『天地其壯乎施存雄而無術。』南方有倚人焉曰黃繚。問天地所以不墜不陷風雨雷霆之故。惠施不辭而應。不慮而對。徧為萬物說。說而不休。多而無已。猶以為寡。益之以怪。

釋文「倚本作畸」畸卽奇言異人也

以反人爲實而欲以勝人爲名是以與衆不適也

呂氏春秋淫辭篇『孔穿公孫龍相與論於平原君所深而辯至於「臧三耳」（原本作「藏三牙」藏臧通耳以形近譌作牙）公孫龍言臧之三耳甚辯孔穿不應少選辭而出明日孔穿朝平原君謂孔穿曰「昔者公孫龍之言辯」孔穿曰「然幾能令臧三耳矣雖然難願得有問於君謂臧三耳甚難而實非也謂臧兩耳甚易而實是也不知君將從易而是者乎將從難而非者乎」平原君不應』此所謂以反人爲實與衆不適也

弱於德强於物其塗隩矣

隩險也

由天地之道觀惠施之能其猶一蚊一䖟之勞者也其於物也何庸

何庸言無用卽其言不中也所謂『無益於天下者明之不如其已』

夫充一尙可曰愈貴道幾矣

此句未明

惠施不能以此自寧散於萬物而不厭卒以善辯爲名惜乎惠施之才駘蕩而不得逐萬物而不反是窮響以聲形與影競走也悲夫

以上論惠施竟不言『古之道術有在於是者』並道術之一曲而不以許惠施也然惠施實能見極名理與公孫龍之詭辯殊科因末流而詆及本師則莊子之過也

飲冰室專集

荀子評諸子語彙釋

一　非十二子篇

假今之世。飾邪說。文姦言。以梟亂天下。矞宇嵬瑣。使天下混然不知是非治亂之所存者有人矣。

梟亂。撓亂也。楊注云。『矞與譎同。』俞樾云。『宇讀爲訏。說文。「訏詭僞也。」矞宇猶言譎詭。』王先謙云。『嵬瑣猶委瑣。嵬委聲近通借。』

縱情性。安恣睢。禽獸行。不足以合文通治。然而其持之有故。其言之成理。足以欺惑愚衆。是它囂魏牟也。

它囂本書外不見。無考。魏牟。魏公子牟也。漢書藝文志有公子牟四篇。在道家。原注云。『先莊子。莊子稱之。』然今莊子秋水篇有公子牟稱莊子之言以折公孫龍。殆與莊子同時也。列子仲尼篇又引公子牟解釋公孫龍學說。其語頗精到。其人屬於何學派。徜侊難定。孟子言。『子莫執中。執中無權。』孫詒讓謂子莫即子牟。(籀廎述林卷一)豈其人好持模棱兩可之說耶。呂覽審爲篇述公子牟與詹子問答語。詹子曰。『重生則輕利。』公子牟曰。『雖知之猶不能自勝也。』詹子曰。『不能自勝則縱之。神無惡乎。』據此則魏牟故主張縱欲者。故荀子謂其『縱情性安恣睢』也。至斥爲「禽獸行」。其言恐過當。非批評家正當態度。

忍情性。綦谿利跂。苟以分異人爲高。不足以合大衆。明大分。然而其持之有故。其言之成理。足以欺惑愚衆。是陳仲史鰌也。

陳仲即孟子之陳仲子。孟子曰『於齊國之士吾必以仲子爲巨擘焉。』其名亦見韓非子及戰國策。本書不苟篇稱爲田仲。

史鰌即論語之史魚。孔子稱其直『邦有道如矢。邦無道如矢。』記其以尸諫。

忍情性與前段縱情性正反對。綦極也。「谿利跂」三字不可解。疑本作「谿跂」。雙聲字。即「谿刻」之通借。讀荀書者注「刻」字於跂字之旁。傳寫者錯入正文。又訛爲「利」字而夾於兩字之間。遂不可讀矣。『縱情性安恣睢』『忍情性綦谿跂』文意句法皆對待。

孟子記陳仲之事云『仲子齊之世家也。兄戴蓋祿萬鍾。以兄之祿爲不義之祿而不食也。以兄之室爲不義之室而不居也。避兄離母處於於陵。』又云『居於陵三日不食。耳無聞目無見。』又云『仲子所居之室所食之粟。彼身織屨。妻辟纑以易之。』韓非子云『田仲不恃仰人而食。』戰國策云『於陵仲子上不臣於王。下不治其家。中不索交諸侯。』合此諸文觀之。其人蓋主張自食其力絕世離羣者。故荀子謂其『苟以分異人爲高。不足以合大衆明大分。』此等非社會的生活。其不足以合衆明矣。故孟子亦云『充仲子之操。必蚓而後可。』又云『人莫大焉無親戚君臣上下。』言其非人類生活也。史鰌尸諫。亦是極端的嫉俗厭世。不苟篇云『夫富貴者則類傲之。夫貧賤者則求柔之。是非人之情也。是姦人將以盜名於晻世也。險莫大焉。故曰盜名不如盜貨。田仲史鰌不如盜也。』曰非人情。曰險。即忍情性綦谿跂之意。田仲史鰌不過太激烈。失中庸耳。其節操固自可敬。故能成一家言。荀子謂其不如盜。誠屬苛論。然非有荀子之批評。吾輩亦無從知其

爲當時一有力之學者也

不知一天下建國家之權稱上功用大儉約而僈差等曾不足以容辨異縣君臣然而其持之有故其言之成理足以欺惑愚衆是墨翟宋鈃也

墨翟宋鈃詳見莊子天下天下篇釋義

權稱者權衡稱量也上同尙墨子曰『諸加功不加利於民者聖王不爲』又曰『焉有善而不可用者』其論事物之善惡專以效率之有無多寡爲衡極端的功利主義也宋鈃說秦楚罷兵曰『我將言其不利』亦是此意所謂『尙功用』也大同太太過儉約『以胼無胈脛無毛相進』『五升之飯足矣』勞心者與勞力者同一享用故僈差等又儒家言『親親之殺尊賢之等』墨家言『愛鄰人之家若愛其家』故僈差等僈同曼廣雅曰『曼無也』縣同懸本書富國篇云『義衆未縣則君臣未立也』荀子以爲墨翟宋鈃是無政府主義故非之

尙法而無法下修而好作上則取聽於上下則取從於俗終日言成文典及紃察之則倜然無所歸宿不可以經國定分然而其持之有故其言之成理足以欺惑愚衆是愼到田駢也

愼到田駢詳見莊子天下篇釋義

王念孫謂下脩而好作義不可通疑『下脩』爲『不循』形近而譌不循謂不循舊法也案此陷於添字解書之病且『不循舊法』亦與愼到一派學說不符當以不改原文爲是修爲也治也尙法謂以法爲上下修謂以修爲修治爲下莊子天下篇述愼到說『選則不徧敎則不至』即『下修』之義也愼到爲法家之祖

然「棄知去已」而學「無知之物。」故曰尚法而無法。既尚法必須立法。故曰好作。

莊子。天下篇述愼到田駢之學曰『推拍輐斷。與物宛轉。不師知慮。不知前後。魏然而已矣。推而後行。曳而後往，……卽所謂『上則取聽於上下則取從於俗』也荀子不能了解愼到一派物治主義之本意。故疑其專務迎合上下。所論不如莊子之精到。

不法先王。不是禮義。而好治怪說。玩琦辭。甚察而不惠。辯而無用。多事而寡功。不可以爲治綱紀。然而其持之有故。其言之成理。足以欺惑愚衆。是惠施鄧析也。

惠施詳莊子天下篇釋義。漢書藝文志有鄧析二篇。在名家。原注云。『鄭人與子產並時。』今所傳鄧析子不甚可信。列子云。『鄧析操兩可之說。設無窮之辭。』呂氏春秋離謂篇云。『鄭國多相縣以書者。子產令無縣書。鄧析致之。子產令無致書。鄧析倚之。令無窮。而鄧析應之亦無窮。是可不可無辨也。』析蓋長於智辯。故後此推爲名家之祖。

甚察而不惠。王念孫據天論篇謂惠當爲急字之誤。是也。惠施一派所研究辨論之問題。頗與西方哲學精神相近。多屬宇宙事物原理一類。中國道術。務切人事。故論者多譏其察而不急。辯而無用。

略法先王而不知其統。猶然而材劇志大。聞見雜博。案往舊造說。謂之五行。甚僻違而無類。幽隱而無說。閉約而無解。案飾其辭而祇敬之曰。『此眞先君子之言也。』——子思唱之。孟軻和之。世俗之溝猶瞀儒。嚾嚾然不知其所非也。遂受而傳之。以爲仲尼子游爲茲厚於後世。是則子思孟軻之罪也。

漢書藝文志儒家子思二十三篇。今佚。孟子十一篇。今存者七篇。餘四篇蓋外書。趙岐審定其僞而刪之。

此文謂子思孟軻『案往舊造說謂之五行』今子思書雖佚然孟子書則　無五行之說楊注謂『五行卽五常仁義禮智信』然果屬五常似不能謂爲僻違無類幽隱無說閉約無解故此數語終不甚可曉今强申楊說則孔子只言仁或言仁智或言智仁勇未有以仁義禮智信平列者孟子好言仁義禮智義禮本仁智所衍生以之並擧實爲不倫故曰無類其說不可通則無說無解也然孟子亦無以信並於仁義禮智爲五行之語故此說亦卒未安

案飾其辭之案字猶言「乃」也「於是」也荀子書中常用語仲尼子游郭嵩燾謂爲子弓之誤或然

弟佗其冠神禫其辭禹行而舜趨是子張氏之賤儒也正其衣冠齊其顏色嗛然而終日不言是子夏氏之賤儒也偷儒憚事無廉恥而耆飲食必曰『君子固不用力』是子游氏之賤儒也

孟子稱『子夏子游子張皆有聖人之一體』則三子爲孔門大宗派而其所衍之緒各不同可知孟子又記『子夏子游子張以有若似聖人欲以所事孔子事之强曾子曾子不可』是孔子卒後分爲有子曾子兩大派而子夏子游子張則有子派下復分三小派而曾子派下所衍或卽子思孟子也荀子既非思孟復斥三家而獨以子弓與仲尼並稱豈其學獨傳自仲弓耶

論語記子夏之門人問交於子張兩賢述所聞於孔子者既有異同則末流派別歧而益遠蓋意中事荀子所斥殆指戰國末年依附三家門牆之俗儒非逕詆三賢也

二　天論篇

愼子有見於後無見於先。

愼到之學莊子天下篇稱其『棄知去己至於若無知之物而已』其意蓋懸一客觀的物準以爲道之至極。所謂『雖有巧手不如拙規矩之能正方員也』此說也若天下事理果一成而不變則用機械的物準以馭之固無不可然事理固變動不居者實際上無一事物與從前所發見之事物絕對相同然則機械的應付必歸於違牾而矣愼子專注意事物已成之相故曰有見於後蔑視此已成之相之所由來故曰無見於先。呂氏春秋愼勢篇引愼子曰『今一兎走百人逐之非一兎足爲百人分也由未定積兎滿市行者不顧非不欲兎也分已定矣分已定人雖鄙不爭故治天下及國在乎定分而已矣』定分所以善其後也分如何而能定則必有先焉者愼子蓋未計及焉故曰有見於後無見於先。

老子有見於詘無見於信。

詘信卽屈伸古今字老子『以柔弱勝剛强』『不爲天下先專務以詘爲敎而不知『自强不息』『日進無疆』之爲美德所謂無見於信也。

墨子有見於齊無見於畸。

畸者參差不齊之謂墨子兼愛尙同以絕對的平等爲至道不知『物之不齊物之情也』儒家言『親親之殺尊賢之等』有殺有等乃適恆其平也。

宋子有見於少無見於多。

宋鈃專以『情欲寡』爲敎而不知人之情各不同有欲寡者亦有欲多者甲則以一夫一婦爲樂乙或以侍

妾數百人爲樂。卽一人之身。其對於各事物或欲多或欲寡亦各自不同。例如和嶠對於錢欲多。對於屐欲寡。阮孚對於屐欲多。對於錢欲寡。宋子僅見欲寡的一面而不見欲多的一面也。

有後而無先。則羣衆無門。有詘而無信。則貴賤不分。有齊而無畸。則政令不施。有少而無多。則羣衆不化。

無門者。愼子使人學無知之物。屏絕智慮。則相率於渾沌。如欲其入而閉諸門矣。不化者。拂人之性。無由化成也。餘義自明。

三　解蔽篇

墨子蔽於用而不知文。

墨子『尙功用』。其論善惡專以有用無用爲標準。其所謂用者又持義極狹。例如音樂。墨子以其飢不可爲食寒不可爲衣故非之。殊不知人類固有好美之性。儒家所謂『文之以禮樂』者固自不可少也。

宋子蔽於欲而不知得。

得卽論語『戒之在得』之得。宋子言人之情有欲寡的一面。而不知其更有貪得的一面。卽『有見於少無見於多』之義。

愼子蔽於法而不知賢。

莊子天下篇述愼子之學曰。『至於若無知之物而已。無用賢聖』。蓋絕對主張法治主義。排斥人治主義。不知『徒法不能以自行』也。

申子蔽於勢而不知知。

韓非子定法篇云『申不害用術。而公孫鞅爲法。』用術者。卽憑勢力以爲治也。韓非子又有難勢篇。蓋勢治主義與法治主義不同道。申子蓋主張勢治者。韓非所難。疑卽難申派也。下「知」字疑和字之譌。蔽於勢而不知和者。謂徒見夫勢力之足以箝制天下。而不知人和之足貴也。

惠子蔽於辭而不知實。

惠子之說。以形式的論理法繩之。或可以持之有故。言之成理。然往往不顧事物之實相。例如『山與澤平。』此惠子所持說也。本書正名篇評之曰『山淵平。……此惑於用實以亂名者也。驗之所緣以同異。而觀其孰調。則能禁之矣。』彼篇所云『緣以同異』者。謂『緣天官。』據吾人目之所接。山實高於淵。淵實低於山。今强指曰「平」。辭雖辯而顯乖其實也。

莊子蔽於天而不知人。

莊子以『復歸於自然』爲道之極軌。而不知人治之有加於天行。本書天論篇云『大天而思之。孰與物畜而制之。從天而頌之。孰與制天命而用之。……故錯人而思天。則失萬物之情。』此正所以解莊子之蔽也。

故由用謂之道。盡利矣。

墨子經上云『義。利也。』墨子以有用無用爲善惡標準。故以利不利爲卽義不義。實用主義必流爲功利主義。理固然也。

由俗謂之道。盡嗛矣。

楊注云『俗當爲欲』嗛與慊同『快也』以欲言道則道限於適意而已

由法謂之道盡數矣

數度數也猶言條款節目也以法言道則道僅成爲機械

由埶謂之道盡便矣

便卽『因利乘便』之便

由辭謂之道盡論矣

言只有形式的論理也

由天謂之道盡因矣

因者純放任其自然之天不復盡人事也

此數具者皆道之一隅也夫道者體常而盡變一隅不足以舉之

體卽『君子體仁』之體盡卽『能盡其性』之盡體常盡變者言以常爲體而盡極其變化也

曲知之人觀於道之一隅而未之能識也故以爲足而飾之內以自亂外以惑人上以蔽下下以蔽上此蔽塞之禍也

曲亦隅也部分之謂本篇云『蔽於一曲而闇於大理』中庸云『其次致曲』皆此意

飲冰室專集

韓非子顯學篇釋義

世之顯學。儒墨也。儒之所至。孔丘也。墨之所至。墨翟也。自孔子之死也。有子張之儒。有子思之儒。有顏氏之儒。有孟氏之儒。有漆雕氏之儒。有仲良氏之儒。有孫氏之儒。有樂正氏之儒。

荀子非十二子篇稱子張氏子夏氏子游氏之賤儒。則子張門下甚盛可知。

史記孟子荀卿列傳稱孟子受業於子思之門人。則子思門人應不少。非十二子篇稱子思唱之。孟軻和之。世俗之儒受而傳之。則思孟蓋同一派、末流或小異耳。

孔門顏氏有數人。最著者顏淵。然顏淵先孔子卒。是否有弟子傳其學。無可考。此文顏氏之儒。不知出誰何也。

孟氏之儒即孟子門下。

漆雕氏者。漢書藝文志儒家有漆雕子十二篇。原注云『孔子弟子漆雕啓後。』其學說斷片別見下文。

仲良氏無考。孟子稱『陳良楚產說周公仲尼之道。北方之學者未能或之先。』仲良豈陳良之字。如顏子淵稱顏淵冉子有稱冉有耶。

孫氏即荀子。藝文志孫卿子三十三篇。劉向別錄亦稱爲孫卿書。或指孫氏爲公孫尼子。恐非。

曾子弟子有樂正子春、此文樂正氏。疑即傳曾子學者。孟子弟子亦有樂正子。當屬孟氏一派也。

自墨氏之死也有相里氏之墨有相夫氏之墨有鄧陵氏之墨

莊子天下篇云『相里勤之弟子五侯之徒南方之墨者苦獲已齒鄧陵子之屬俱誦墨經而倍譎不同相謂別墨』

故孔墨之後儒分爲八墨離爲三取舍相反不同皆自謂眞孔墨不可復生將誰使定世之學乎

凡學派愈大者其末流所分枝別愈多故同一儒墨而取舍相反不同實事勢所必至

……漆雕之議不色撓不目逃行曲則違於臧獲行直則怒於諸侯世主以爲廉而禮之宋榮子之議設不鬭爭取不隨仇不羞囹圄見侮不辱世主以爲寬而禮之

漆雕子十二篇已佚其學說賴此僅存儒家以智仁勇爲三達德故見義不爲謂之無勇孔子疾之曾子云『吾嘗聞大勇於夫子矣自反而不縮雖褐寬博吾不惴焉自　而縮雖千萬人吾往矣』卽『行曲則違於臧獲行直則怒於諸侯』之義孟子稱『北宮黝不膚撓不目逃……不受於褐寬博亦不受於萬乘之君……』正與漆雕說同黝疑卽「漆雕氏之儒」孟子又稱『孟施舍似曾子北宮黝似子夏』蓋儒家實有此一派二者殆皆儒家者流也

宋榮子卽宋鈃莊子逍遙遊篇亦作宋榮子

廉訓廉隅之廉謂有圭角也不隨仇之隨字疑爲墮字之通假字不墮仇者猶言不傾摧其仇人也

飲冰室專集

尸子廣澤篇呂氏春秋不二篇合釋

(一)尸子廣澤篇（汪繼培輯本）

墨子貴兼孔子貴公皇子貴衷田子貴均列子貴虛料子貴別囿其學之相非也數世矣而不已皆弇於私也

墨子貴兼者墨子主兼愛常言『兼以易別』故墨家自稱曰「兼士」其非墨家者則稱之曰「別士」

皇子無考莊子達生篇云『齊有皇子告敖者……』列子湯問篇論火浣布云『皇子以爲無此物』疑即此人漢書藝文志天文家有皇公雑子星二十二卷恐未必出一人貴衷者衷中也其說蓋如子莫執中耶

田子田駢也主張法治故曰貴均

列子者鄭人列禦寇今所傳列子八篇似是僞品

料子無考別囿者呂氏春秋去宥篇云『夫人有所宥者固以晝爲昏以白爲黑以堯爲桀宥之爲敗亦大矣……故凡人必別宥然後知別宥則能全其天矣』汪繼培云『宥與囿通呂覽之說蓋本料子』按莊子天下篇述宋鈃尹文學說云『接萬物以別宥爲始』料子疑即尹文或其弟子

(二)呂氏春秋不二篇

老耼貴柔孔子貴仁墨翟貴廉關尹貴清子列子貴虛陳駢貴齊陽生貴己孫臏貴勢王廖貴先兒良貴後此十

人者皆天下之豪士也——故反以相非反以相是其所非方其所是也其所是方其所非也是非未定而喜怒鬭爭反爲用矣「故反以相非」以下在安死篇畢沅謂當是本篇錯簡今從之

墨翟貴廉廉當爲兼之譌據尸子文可見

關尹書今不可見此言其貴淸與莊子天下篇所引「在己無居形物自著其動若水其淸若鏡之說相同」當是關尹學術特色

陳駢即田駢貴齊即尸子所謂貴均莊子天下篇述田駢之學曰「齊萬物以爲首」

陽生當即楊朱貴己即孟子所謂爲我

王廖兒良皆兵家名並見漢書賈誼傳漢書藝文志兵權謀有兒良一篇

飲冰室專集

淮南子要略書後

文王之時。紂爲天子。賦斂無度。殺戮無止。康梁沈湎。宮中成市。作爲炮烙之刑。刳諫者。剔孕婦。天下同心而苦之。文王四世纍善。修德行義。處岐周之間。地方不過百里。天下二垂歸之。文王欲以卑弱制强暴。以爲天下去殘除賊而成王道。故太公之謀生焉。文王業之而不卒。武王繼文王之業。用太公之謀。悉索薄賦。躬擐甲冑。以伐無道而討不義。誓師牧野。以踐天子之位。天下未定。海內未輯。武王欲昭文王之令德。使夷狄各以其賄來貢。遼遠未能至。故治三年之喪。殯文王於兩楹之間。以俟遠方。武王立三年而崩。成王在襁褓之中。未能用事。蔡叔管叔輔公子祿父而欲爲亂。周公繼文王之業。持天子之政。以股肱周室。輔翼成王。懼爭道之不塞。臣下之危上也。故縱馬華山。放牛桃林。敗鼓折枹。搢笏而朝。以寧靜王室。鎮撫諸侯。成王既壯。能從政事。周公受封於魯。以此移風易俗。孔子修成康之道。述周公之訓。以敎七十子。使服其衣冠。修其篇籍。故儒者之學生焉。墨子學儒者之業。受孔子之術。以爲其禮煩擾而不說。厚葬靡財而貧民。服傷生而害事。故背周道而用夏政。禹之時。天下大水。禹身執虆垂以爲民先。剔河而道九岐。鑿江而通九路。辟五湖而定東海。當此之時。燒不暇撌。濡不給扢。死陵者葬陵。死澤者葬澤。故節財薄葬閑服生焉。齊桓公之時。天子卑弱。諸侯力征。南夷北狄交伐中國。中國之不絕如綫。齊國之地。東負海而北障河。地狹田少。而民多智巧。桓公憂中國之患。苦夷狄之亂。欲以存亡繼絕。崇天子之位。廣文武之業。故管子之書生焉。齊景公內好聲色。外好狗馬。獵射亡歸。好色無辨。作爲路寢之臺。族鑄大鐘。撞之庭下。郊雉皆呴。一朝用三千鐘贛。梁邱據子家噲導於左右。故晏子之諫生焉。晚世之時。六國諸侯。谿異谷別。水絕山隔。各自治其境內。守其分地。握其權柄。擅其政令。下無方伯。上無天子。力征爭權。勝者爲右。恃連與國。約重致剖信。符結遠援。以守其國家。持其社稷。故縱橫修短生焉。申子者韓昭釐之佐。韓晉別國也。地墽民險。而介於大國之間。晉國之故禮未滅。韓國之新法重出。先君之令未收。後君之令又下。新故相反。前後相繆。百官背亂。不知所用。故刑名之書生焉。秦國之俗。貪狼強力。寡義而趨利。可威以刑。而不可化以善。可勸以賞。而不可厲以名。被險而帶河。四塞以爲固。地利形便。畜積殷富。孝公欲以虎狼之勢而吞諸侯。故商鞅之法生焉。……

自莊荀以下評騭諸子。皆比較其異同得失。獨淮南則尚論諸家學說發生之所由來。大指謂皆起於時勢之需求而救其偏敝。其言蓋含有相當之眞理。雖然。其所謂時勢需求者。僅著眼於政治方面。似未足以盡之。政治誠足以影響學術。然不過動機之一而已。又其所列舉諸家。若太公若管仲若晏子若申子若商君。皆非以治道術爲職志。今所傳諸書。率皆戰國末年人依託。（看漢書藝文志考釋管晏諸書條下）果著書專爲救時之敝。然則諸書之出。略同一時代。則亦同一敝而已。而流派各異。何以稱焉。淮南善於談玄。妙於辭令。至於籀學與論古。未爲至也。

一五。一二。二稿。

司馬談論六家要指書後 錄自太史公自序

易大傳「天下一致而百慮同歸而殊塗」夫陰陽、儒、墨、名、法、道德此務爲治者也直所從言之異路有省不省耳嘗竊觀陰陽之術大祥而衆忌諱使人拘而多所畏然其序四時之大順不可失也儒者博而寡要勞而少功是以其事難盡從然其序君臣父子之禮列夫婦長幼之別不可易也墨者儉而難遵是以其事不可偏循然其彊本節用不可廢也法家嚴而少恩然其正君臣上下之分不可改矣名家使人儉而善失眞然其正名實不可不察也道家使人精神專一動合無形贍足萬物其爲術也因陰陽之大順采儒墨之善撮名法之要與時遷移應物變化立俗施事無所不宜指約而易操事少而功多儒者則不然以爲人主天下之儀表也主倡而臣和主先而臣隨如此則主勞而臣逸至於大道之要去健羨絀聰明釋此而任術夫神大用則竭形大勞則敝形神騷動欲與天地長久非所聞也夫陰陽四時八位十二度二十四節各有敎令順之者昌逆之者不死則亡未必然也故曰使人拘而多畏夫春生夏長秋收冬藏此天道之大經也弗順則無以爲天下綱紀故曰四時之大順不可失也夫儒者以六藝爲法六藝經傳以千萬數累世不能通其學當年不能究其禮故曰博而寡要勞而少功若夫列君臣父子之禮序夫婦長幼之別雖百家弗能易也墨者亦尚堯舜之道言其德行曰堂高三尺土階三等茅茨不翦采椽不刮食土簋啜土刑糲粱之食藜藿之羹夏日葛衣冬日鹿裘其送死桐棺三寸舉音不盡其哀。教喪禮。必以此爲萬民之率。使天下法若此。則尊卑無別也。夫世異時移。事業不必同。故曰儉而難遵。要曰彊本節用。則人給家足之道也。此墨子之所長。雖百家弗能廢也。法家不別親疏。不殊貴賤。一斷於法。則親親尊尊之恩絕矣。可以行一時之計。而不可長用也。故曰嚴而少恩。若尊主卑臣。明分職不得相踰越。雖百家弗能改也。名家苛察繳繞。使人不得反其意。專決於名而失人情。故曰使人儉而善失眞。若夫控名責實。參伍不失。此不可不察也。道家無爲。又曰無不爲。其實易行。其辭難知。其術以虛無爲本。以因循爲用。無成勢。無常形。故能究萬物之情。不爲物先。不爲物後。故能爲萬物主。有法無法。因時爲業。有度無度。因物與合。故曰聖人不朽。時變是守。虛者道之常也。因者君之綱也。羣臣並至。使各自明也。其實中其聲者謂之端。實不中其聲者謂之窾。窾言不聽。姦乃不生。賢不肖自分。白黑乃形。在所欲用耳。何事不成。乃合大道。混混冥冥。光燿天下。復反無名。凡人所生者神也。所託者形也。神大用則竭。形大勞則敝。形神離則死。死者不可復生。離者不可復反。故聖人重之。由是觀之。神者生之本也。形者生之具也。不先定其神。而曰我有以治天下。何由哉。

莊荀以下論列諸子。皆對一人或其學風相同之二三人以立言。其櫽括一時代學術之全部而綜合分析之。用科學的分類法。釐爲若干派。而比較評騭。自司馬談始也。分類本屬至難之業。而學派之分類。則難之又難。後起之學派。對於其先焉者必有所受。而所受恆不限於一家。並時之學派。彼此交光互影。有其相異之部分。則亦必有其相同之部分。故欲嚴格的馭以論理而簿其類使適當。爲事殆不可能也。談所分六家。雖不敢謂爲絕對的正當。然以此櫽括先秦思想界之流別。大概可以包攝。而各家相互間之界域。亦頗分明。儒墨爲當時顯學。其標幟最易認識。無待多論。「道德」一語。雖儒墨及他家所同稱道。然老莊一派。其對於「道」字頗賦予以特別意味。其應用之之方法亦不與他家同。則其自成一派甚明也。陰陽家之書今無傳者。吾輩頗難臆斷其學說之內容及價值。然鄒衍鄒奭之徒蓋甚博辯。其說在當時學界蓋甚有力。觀西漢時董仲舒劉向諸大師所論述似蒙此派之影響不尠。則其爲有力之一派可推知。然其與儒墨道皆非從同。則據史記所述緒論（孟荀傳中述鄒衍語）略可見也。『名學爲整理思想之方法。各家各皆有其名學。不能以「名」專立一家。』此論胡適倡之。頗含眞理。然惠施公孫龍一派。不僅以辯論名實爲治學之手段。而實以爲彼宗最終之目的。此其所以異於他家也。故此派不能隸屬或合併於任何一派。祇能別指目之曰「名家」。有固然矣。法家晚出。其於儒墨道名皆有所受。然單提直指。擺落羣言。況有韓非之徒大張其軍。景從貫衆。故析爲一家。亦云至當。由此言之。此六家者實足以代表當時思想界六大勢力。圈談之提挈。洵能知類而舉要矣。至如楊朱貴己。魏牟縱性。爲道家養生之支流。宋鈃寢兵。陳仲食力。皆墨家救世之餘緒。愼到田駢棄知師物。實法家理論之所從出。凡孟莊荀所論列之一時鴻碩。以六家攝之。可無甚牾漏也。

劉歆七略踵談之緒。以此六家置九流之前六。然以通行諸書未能盡攝也。則更立縱橫雜農小說四家以廣之。彼爲目錄學上著錄方便計。原未始不可。若繩以學術上分類之軌則。則殊覺不倫。縱橫爲對人談說之資。絕無哲理上根據以爲之盾。云何可以廁諸道術之林。農爲專技。與兵醫等。農入九流。則兵醫何爲見外。若以許行倡並耕論而指爲農。（漢志農家者流小序含此意）然則墨家『以跂蹻爲服』。亦可指爲「織屨家」耶。至如雜與小說。既不名一家。卽不得復以家數論。此又其易見者矣。故七略增多家數。雖似細密。實乖別裁。其不逮談也審矣。

談剌舉六家學說特殊之點而批評其得失。亦頗能用客觀公平態度。不失其鵠。雖不能如莊子天下篇之直湊淵微。亦可謂能持其平者。

史記中所述諸子及諸子書最錄考釋

(一)十二諸侯年表

鐸椒爲楚威王傅。爲王不能盡觀春秋。采取成敗。卒四十章。爲鐸氏微。趙孝成王時。其相虞卿上采春秋。下觀近世。亦著八篇。爲虞氏春秋。呂不韋者。秦莊襄王相。亦上觀尙古。删拾春秋。集六國時事。以爲八覽六論十二紀。爲呂氏春秋。及如荀卿孟子公孫固韓非之徒。各往往捃摭春秋之文以著書。不可勝紀。

漢書藝文志春秋家有鐸氏微三篇。虞氏微傳二篇。儒家有虞氏春秋十五篇。(與史記篇數異)公孫固一篇。

(二)田敬仲完世家

宣王喜文學游說之士。自如騶衍、淳于髡、田駢、接予、慎到、環淵之徒。七十六人。皆賜列第。爲上大夫。不治而議論。是以齊稷下學士復盛。且數百千人。

騶衍學說在孟荀列傳。漢志有鄒子四十九篇。鄒子終始五十六篇。淳于髡事蹟在孟荀列傳及滑稽列傳。然髡與孟子嘗[illegible]論名實問題。度其人亦不徒滑稽之雄也。田駢慎到俱見莊子天下篇荀子非十二子天論解蔽等篇。漢志有田子二十五篇。慎子四十二篇。接予孟荀傳作接子。漢志有捷子二篇。殆卽其人。漢志有蜎子十三篇．班固自注云『名淵．楚人．老子弟子．』殆卽環淵．

(三)管晏列傳

太史公曰吾讀管氏牧民、山高、乘馬、輕重、九府、及晏子春秋．詳哉其言之也．既見其著書．欲觀其行事．故次其傳．至其書世多有之．是以不論．……

集解引劉向別錄云『九府書民間無有．山高一名形勢．』索隱云『嬰所著書名晏子春秋．今其書有七十篇．故下云其書世多有也．』正義引七略云『管子十八篇在法家．晏子春秋七篇在儒家．』啓超案漢志管子八十六篇．晏子八篇．與正義引七略所言篇數不同．索隱云「七十篇」疑衍「十」字否則司馬貞所見之本大有所傳益矣　且管子在道家不在法家．豈班志改七略之舊耶．抑張守節誤引耶．老莊韓列傳正義「阮孝緒七略云申子三卷也」誤引七錄爲七略恐此所引亦同一誤然則管子出道家入法家始於阮錄晏子八篇梁時已佚其一也

(四)老莊申韓列傳

啓超案老子在漢時漸變爲含有神話性的人物．關於其行歷傳說．殆已極不一致．本傳老聃老萊子周太史儋三人混爲一談．若離若合．其時代則或春秋或戰國．或並孔子時．或在孔子後．司馬遷已不敢下斷定語．吾儕讀此篇．作爲參較鉤稽之資料焉可耳．

老子者．楚苦縣厲鄉曲仁里人也．

索隱云「苦縣本屬陳春秋時楚滅陳而苦又屬楚故云楚苦縣」啓超案不云「陳苦縣」而云「楚苦縣」當是向來傳說如此此似是老子爲戰國時人而非春秋時人之一種暗示

姓李氏名耳字伯陽謚曰聃

索隱云「許愼云「聃耳漫也」故名耳字聃今作字伯陽非正也然老子號伯陽父此傳不稱」啓超案此可見今本有後人增改處

周守藏室之史也

汪中不信此說詳見老子考異看附錄

孔子適周將問禮於老子

孔老問答語見禮記曾子問篇然據彼文所述老聃蓋一守禮之儒其言禮又斷斷於器數之迹似與說五千言之老子非一人說詳崔述洙泗考信錄看附錄

老子曰「子所言者其人與骨皆已朽矣獨其言在耳且君子得其時則駕不得其時則蓬累而行吾聞之良賈深藏若虛君子盛德容貌若愚去子之驕氣與多欲態色與淫志是皆無益於子之身吾所以告子若是而已」孔子去謂弟子曰「鳥吾知其能飛魚吾知其能游獸吾知其能走走者可以爲罔游者可以爲綸飛者可以爲矰至於龍吾不能知其乘風雲而上天吾今日見老子其猶龍耶」

此諸語莊子外物篇謂老萊子教孔子語僞孔叢謂老萊子語子思語說苑敬愼篇則以爲常樅教老子語

老子修道德其學以自隱無名爲務居周久之見周之衰迺遂去至關關令尹喜曰「子將隱矣彊爲我著書」

莊子天下篇言「關尹老聃」以彼文「墨翟禽滑釐」「彭蒙田駢」之例例之則老聃似是關尹弟子或後學舊說謂尹爲老子弟子恐不確卽以史記本文而論亦無以定尹老之孰爲先後輩也關尹與列子同時見莊子達生篇及呂氏春秋審己篇（僞列子黃帝篇說符篇同）而列子與駟子陽同時駟子陽與韓列侯同時約在孔子卒後八十年然則關尹年代略可推老子年代亦略可推矣（看汪氏老子考異）

於是老子迺著書上下篇言道德之意五千餘言而去莫知其所終

莊子養生主篇『老聃死秦失弔之』然則莊子時並無老子出關莫知所終之傳說

或曰老萊子亦楚人也著書十五篇言道德之用與孔子同時云

漢志於老子之外別有老萊子十六篇

蓋老子百有六十餘歲或言二百餘歲以其修道而養壽也

正義云『蓋或皆疑辭也』司馬遷姑述傳說未敢遽置信也大抵著五千言之老子後於孔子約百年而後人以與孔子問禮之老聃牽合爲一人則不得不指爲奇壽矣

自孔子死之後百二十九年而史記周太史儋見秦獻公曰『始秦與周合而離離五百歲而復合合七十歲而霸王者出焉』或曰儋卽老子或曰非也世莫知其然否老子隱君子也

汪中主『儋卽老子』之說果爾則老子當與莊周孟子同時時代未免太晚史公旣闕疑吾輩卽亦未便武斷也

秦獻公以孔子死後九十七年卽位百二十年卒此文必有誤或衍「九」字或「獻」字爲「孝」字之譌

呂氏春秋審己篇記公子牟與詹子問答語。莊子秋水篇作瞻子。楚辭有詹尹。枚乘七發有詹何。皆古之得道人也。竊疑皆太史儋之異名。姑懸一說待考。

老子之子名宗。宗爲魏將。封於段干。宗子注。注子宮。宮玄孫假。假仕於漢孝文帝。而假之子解爲膠西王卬太傅。因家於齊焉。

全傳述老子。皆爲徜侊迷離之辭。獨此一段記其苗裔之名及世數官職皆備。最爲近於史實。蓋必有正確之資料矣。據此。則解當爲司馬遷同時人。其於老子爲八世孫。而孔子世家亦詳記孔子苗裔世數。其與遷同時者則孔安國。孔子十二世孫也。此亦足爲老子年代後於孔子之一證。

世之學老子者則絀儒學。儒學亦絀老子。道不同不相爲謀。豈謂是耶。李耳無爲自化。淸靜自正。

末二語文氣不屬。疑是後人識語錯入正文。

莊子者蒙人也。名周。周嘗爲蒙漆園吏。與梁惠王齊宣王同時。

莊周與惠施同時。惠施爲梁惠王相。

其學無所不闚。然其要本歸於老子之言。故其著書十餘萬言。大抵率寓言也。作漁父盜跖胠篋以詆訾孔子之徒。以明老子之術。

蘇軾謂漁父諸篇非莊子書。然篇名既見史記。且明言其內容爲詆訾孔子之徒。則今本此諸篇或即遷所曾見也。至其是否周所自著。則另一問題。

「畏累虛」「亢桑子」之屬皆空語無事實。

索隱云『畏累虛篇名也』案今本無此篇或是漢志五十二篇中之佚篇

然善屬書離辭指事類情用剽剝儒墨雖當世宿學不能自解免也

離麗也字同儷荀子正名篇『累而成文名之麗也』離辭卽綴麗成文之意用以也

其言洸洋自恣以適己故自王公大人不能器之楚威王聞莊周賢使使厚幣迎之許以爲相莊周笑謂楚使者曰『千金重利卿相尊位也子獨不見郊祭之犧牛乎養食之數歲衣以文繡以入太廟當是之時雖欲爲孤豚豈可得乎子亟去無汚我我寧游戲汚瀆之中自快無爲有國者所羈終身不仕以快吾志焉

楚成王卒年當梁惠王後六年齊宣王十四年史言與梁惠齊宣同時又記楚威之聘當皆屬事實然則莊子年輩略與孟子同也據說劍秋水天下等篇莊子又及見趙惠文王與公孫龍蓋甚老壽矣

申不害者京人也故鄭之賤臣學術以干韓昭侯

韓非子定法篇云『申不害用術而公孫鞅爲法』是術與法異此文云「學術」與韓非語可互證

昭侯用爲相內修政敎外應諸侯十五年終申子之身國治兵强無侵韓者

定法篇又云『韓者晉之別國也晉之故法未息而韓之新法又生先君之令未收而後君之令又下申不害不擅其法不一其憲令……故託萬乘之勁韓七十年（顧廣圻云疑當作十七年）而不至於霸王者雖用術於上法不勤飾於官之患也』案此最足以明申商之異同

申子之學本於黃老而主刑名著書二篇號曰申子

集解引劉向別錄云『今民間所有上書二篇中書六篇皆合二篇已過太史公所記也』正義引阮孝緒七

略案略當爲錄云。『申子三卷』。案漢志法家『申子六篇』。與史記及別錄篇數俱不合。

韓非者。韓之諸公子也。喜刑名法術之學。而其歸本於黃老。

　韓非子有解老喻老二篇。

非爲人口吃。不能道說。而善著書。與李斯俱事荀卿。斯自以爲不如非。

　荀卿之學。辨析名實。綜明度數。故韓非李斯傳之。流爲法家一派。

非……以爲儒者用文亂法。而俠者以武犯禁。……

　韓非書常以儒墨對舉。此又以儒俠對舉。俠蓋墨之一支流。墨家常赴湯滔火急人之難也。

觀往者得失之變。故作孤憤、五蠹、內外儲、說林、說難十餘萬言。……

　皆篇名。今具存。

人或傳其書至秦。秦王見孤憤五蠹之書曰。『嗟乎寡人得見此人與之游。死不恨矣。』李斯曰。『此韓非之所著書也。』秦因急攻韓。韓王始不用非。及急乃遣非使秦。秦王悅之。未信用。李斯姚賈害之。毀之曰。『韓非。韓之諸公子也。今王欲并諸侯。非終爲韓不爲秦。此人之情也。今王不用。久留而歸之。此自遺患也。不如以過法誅之。』秦王以爲然。下吏治非。李斯遣人遺非藥。使自殺。韓非欲自陳。不得見。秦王後悔之。使人赦之。非已死矣。申子韓子皆著書傳於後世。學者多有。

　韓非著書。什九皆在入秦以前。司馬遷報任安書云。『韓非囚秦。說難孤憤。』與傳所紀不同。當以傳爲正。彼文乃文家弄筆。非事實也。今韓非子卷一五初見秦篇乃范睢文錯入者。存韓篇末附李斯駁議。非出韓非編

定甚明難言篇蓋非在秦所上書愛臣主道二篇辭旨凡近疑此五篇皆後人編韓非書者所錄有度以下則非所自著然有無附益尚難具判也

太史公曰『老子所貴道虛無因應變化於無爲故著書辭稱微妙難識莊子散道德放論要亦歸之自然申子卑卑施之於名實韓子引繩墨切事情明是非其極慘礉少恩皆原於道德之意而老子深遠矣』

(五)司馬穰苴列傳及孫子吳起列傳

司馬穰苴者田完之苗裔也齊景公……以爲將軍……齊威王……用兵行威大放穰苴之法而諸侯朝齊齊威王使大夫追論古者司馬兵法而附穰苴於其中因號曰司馬穰苴兵法

太史公曰余讀司馬兵法閎廓深遠雖三代征伐未能竟其義如其文也亦少褒矣（案益也）若夫穰苴區區爲小國行師何暇及司馬兵法之揖讓乎世既多司馬兵法以故不論著穰苴之列傳焉

今傳司馬法一卷或即遷時行世之書

孫子武者齊人也以兵法見於吳王闔廬闔廬曰『子之十三篇吾盡觀之矣』……

孫武既死後百餘歲有孫臏……世傳其兵法

吳起者衞人也嘗學於曾子……

太史公曰世俗所稱師旅皆道孫子十三篇吳起兵法世多有故弗論……

漢志兵權謀家吳孫子八十二篇卽孫武齊孫子八十九篇卽孫臏吳起四十八篇卽吳起今傳孫子十三篇

與史記同。漢志篇數。殆後人所增益。然其書實戰國末年人所述。未必出孫武。史言吳王闔廬盡讀十三篇。殆秦漢人間爲此說以重其出耳。吳子亦未必吳起親著。

(六)商君列傳

太史公曰。商君其天資刻薄人也。……余嘗讀商君開塞耕戰書。與其人行事相類。

漢志法家。『商君二十九篇。』今傳者其目二十六篇。又亡兩篇。實二十四篇。開塞第七。農戰第三。殆即史公所見耶。然本傳亦不言其著書。今書殆戰國末年治商君術者依託爲之耳。

(七)孟子荀卿列傳

孟軻。鄒人也。受業子思之門人。

漢志儒家『孟子十一篇。』班固自注云。『名軻。子思弟子。』案。孔子世家云。『伯魚年五十。先孔子卒。伯魚生伋。字子思。年六十二。』是子思之生。必在孔子卒前。孔子卒於魯哀十六年。即西紀前四七九年。孟子至少於燕王噲讓國之年尚生存。其年爲前三一六。故孟子謂『由孔子而來至於今百有餘歲。』史所紀子思年壽雖或有未確。然孟子決不能及子思之門。則明甚矣。史云『受業子思之門人。』蓋再傳弟子。漢志謂爲『子思弟子』。而王邵乃據以校刪本傳之「人」字。非也。

道既通。游事齊宣王。宣王不能用。適梁。梁惠王不果所言。則見以爲迂遠而闊於事情。

孟子先游梁後游齊近人魏源崔述林春溥考證極明史文誤也（看附錄魏源孟子年表）

當是之時秦用商君富國彊兵楚魏用吳起戰勝弱敵齊威王宣王用孫子田忌之徒而諸侯東面朝齊天下方務於合從連衡以攻伐爲賢而孟軻乃述唐虞三代之德是以所如者不合退而與萬章之徒序詩書述仲尼之意作孟子七篇

趙岐孟子題辭云『退而論集所與高第弟子公孫丑萬章之徒難疑問答又自撰其法度之言著書七篇二百六十一章三萬四千六百八十五字』此祖述本傳之說謂孟子書爲孟子所自撰也然書中稱時君皆舉其謚如梁惠王襄王齊宣王魯平公鄒穆公皆然乃至滕文公之年少亦皆如是其人未必皆先孟子而卒何以皆稱其謚又書中於孟子門人多以「子」稱之樂正子公都子屋廬子徐子陳子皆然不稱子者無幾杲孟子所自著恐未必自稱其門人皆曰「子」細玩此書蓋孟子門人萬章公孫丑等所追述故所記二子問答之言最多而二子在書中亦不以「子」稱也其成書年代雖不可確指然最早總在周赧王十九年（西紀前二九六）梁襄王卒之後上距孔子卒一百八十餘年下距秦始皇幷六國七十餘年也

漢志著錄十一篇蓋並收外書四篇趙岐謂其『不能閎深非孟子語』今傳本七篇卽史公所見也

其後有騶子之屬齊有三騶子其前鄒忌以鼓琴干威王因及國政封爲成侯而受相印先孟子其次騶衍後孟子騶衍睹有國者益淫侈不能尙德若大雅整之於身施及黎庶矣乃深觀陰陽消息而作怪迂之變終始大聖之篇十餘萬言其語閎大不經必先驗小物推而大之至於無垠先序今以上至黃帝學者所共術大並世盛衰因載其禨祥度制推而遠之至天地未生窈冥不可考而原也先列中國名山大川通谷禽獸水土所殖物類所

珍。因而推之及海外人之所不能睹。稱引天地剖判以來。五德轉移。治各有宜。而符應若茲。以爲儒者所謂中國者。於天下乃八十一分居其一分耳。中國名曰赤縣神州。赤縣神州內自有九州。禹之序九州是也。不得爲州數。中國外如赤縣神州者九。乃所謂九州也。於是有裨海環之。人民禽獸莫能相通者。如一區中者。乃爲一州。如此者九。乃有大瀛海環其外。天地之際焉。其術皆此類也。然要其歸。必止乎仁義節儉。君臣上下六親之施。始也濫耳。王公大人初見其術。懼然顧化。其後不能行之。是以騶子重於齊。適梁。梁惠王郊迎。執賓主之禮。適趙。平原君側行襒席。如燕。昭王擁彗先驅。請列弟子之座而受業。築碣石宮。身親往師之。作主運。其游諸侯見尊禮如此。……

騶衍爲陰陽家之祖。漢志有鄒子四十九篇。鄒子終始五十六篇。今其學說之傳。僅賴本傳耳。淮南子及僞列子中似當有采其文者。然不能確指也。

自騶衍與齊之稷下先生。如淳于髡。慎到。環淵。接子。田駢。騶奭之徒、各著書言治亂之事。以干世主。豈可勝道哉。

淳于髡。齊人也。博聞彊記。學無所主。其陳說。慕晏嬰之爲人也。然而承意觀色爲務。……

淳于髡有與孟子談說語。但不聞有著書。

慎到。趙人。田駢。接子。齊人。環淵。楚人。皆學黃老道德之術。因發明序其指意。故慎到著十二論。環淵著上下篇。而田駢。接子皆有所論焉。

諸人著述並見漢志。詳彼文考釋。

騶奭者。齊之諸騶。亦頗采騶衍之術以紀文。

漢志『鄒奭子十二篇』亦在陰陽家。

自如淳于髡以下皆命曰列大夫。為開第康莊之衢。高門大屋尊寵之。覽天下諸侯賓客言齊能致天下賢士也』。

荀卿趙人。年五十始來游學於齊。

應劭風俗通窮通篇云『孫卿有秀才。年十五始來游學』。案史文五十當為十五之譌。荀卿及見李斯相秦。則當齊湣襄間萬不能年已五十也。

騶衍之術迂大而閎辯。奭也文具而難施。淳于髡久與處時有得善言。故齊人頌曰。『談天衍。雕龍奭。炙轂過髡。』

案此段疑當在「荀卿趙人」之前。傳鈔錯簡耳。集解引劉向別錄「過」字作「輠」。疑讀史記者於「轂」字下注其音曰「過」。傳鈔者衍入正文也。

田駢之屬皆已死。

淮南子人間篇『唐子短陳駢子於齊威王。威王欲殺之。孟嘗君聞之使人以車迎之』。案孟嘗君之立在齊湣王時。見本傳。所云威王者誤耳。據此則田駢至湣王時尚存。殆最後死。

齊襄王時。而荀卿最為老師。齊尚修列大夫之缺。而荀卿三為祭酒焉。

襄王湣王子法章也。立十九年卒。子王建。又四十四年而滅於秦。假令襄王元年荀卿始游齊而年已五十。則下數至李斯相秦時。必百二十歲而後可。故知前文五十必十五之譌也。

齊人或讒荀卿。荀卿乃適楚。而春申君以為蘭陵令。春申君死而荀卿廢。因家蘭陵。李斯嘗為弟子。已而相秦。

春申君列傳云『楚考烈王元年。以黃歇為相。封為春申君。……春申君相楚八年。以荀卿為蘭陵令。……春申君相楚之二十五年，考烈王卒，李園伏死士刺春申君，斬其頭。』李斯列傳云：『從荀卿學帝王之術，學已成，欲西入秦，辭於荀卿……至秦，會莊襄王卒，李斯乃求為秦相呂不韋舍人……二十餘年，秦幷天下，以斯為丞相。』

荀卿嫉濁世之政，亡國亂君相屬，不遂大道，而營於巫祝，信禨祥，鄙儒小拘，如莊周等又滑稽亂俗。於是推儒墨道德之行事興壞，序列著數萬言而卒，因葬蘭陵。

荀卿為儒家大師，而此云『推儒墨道德之行事』，蓋史公以綜合儒墨道三家許之矣。荀卿雖宗師仲尼，然其學晚出，受老墨學說影響實不少，史言非過當也。其天論正論解蔽等篇，極力排棄迷信，即所謂嫉鄙儒之營巫祝信禨祥也。漢代儒學極盛，而五行災異讖緯之說亦緣而充塞，此荀卿所嫉焉而未能革者也。

而趙亦有公孫龍為堅白同異之辯。

公孫龍與平原君同時，其學說略具莊子天下篇。

劇子之言。

漢志法家有處子九篇，顏師古謂即劇子。

魏有李悝盡地力之教。

漢書食貨志『是時李悝為魏文侯作盡地力之教，以為地方百里，提封九萬頃，除山澤邑居參分去一，為田六百萬畮，治田勤謹則畮益三升，不勤則損亦如之。地方百里之增減，輒為粟百八十萬石矣。又曰：糴甚貴傷民，甚賤傷農；民傷則離散，農傷則國貧。故甚貴與甚賤，其傷一也。善為國者，使民無傷而農益勸。今一夫挾五口治田百畮歲收畮一石半爲粟百五十石除十一之稅十五石餘百三十五石食人月一石半五人終歲爲粟九十石餘有四十五石石三十爲錢千三百五十除社閭嘗新春秋之祠用錢三百餘千五十衣人率用錢三百五人終歲用千五百不足四百五十不幸疾病死喪之費及上賦斂又未與此此農夫所以常困有不勸耕之心而令糴至於甚貴者也是故善平糴者必謹觀歲有上中下孰上孰其收自四餘四百石中孰自三餘三百石下孰自倍餘百石小饑則收百石中饑七十石大饑三十石故大孰則上糴三而舍一中孰則糴二下孰則糴一使民適足賈平則止小饑則發小孰之所斂中饑則發中孰之所斂大饑則發大孰之所斂而糶之故雖遇饑饉水旱糴不貴而民不散取有餘以補不足也行之魏國國以富彊』藝文志法家有李子三十二篇

楚有尸子長盧阿之吁子焉自如孟子至於吁子世多有其書故不論其傳云

漢志雜家有尸子二十篇本注云『名佼魯人秦相商君師之』穀梁傳亦引尸子語道家有長盧子九篇呂氏春秋僞列子皆引其文儒家有芊子十八篇本注云名嬰齊人王念孫謂阿地屬齊疑卽此傳之吁子

蓋墨翟宋之大夫善守禦爲節用或曰並孔子時或曰在其後

墨子事蹟詳孫詒讓所纂傳及年表

（八）平原君虞卿列傳

虞卿……不得意乃著書上採春秋下觀近世曰節義稱號揣摩政謀凡八篇以刺譏國家得失世傳之曰虞氏

春秋。

史記凡三言虞氏春秋。兩記其篇數。皆云八篇。漢志有十五篇。當是後人增益。然書既久佚。不必臆測矣。

(九)呂不韋列傳

當是時。魏有信陵君。楚有春申君。趙有平原君。齊有孟嘗君。皆下士。喜賓客。以相傾。呂不韋以秦之彊。羞不如。亦招致士。厚遇之。至食客三千人。是時諸侯多辯士。如荀卿之徒。著書布天下。呂不韋乃使其客人著所聞。集論以為八覽六論十二紀。二十餘萬言。以為備天地古今萬物之事。號曰呂氏春秋、布諸咸陽市門。懸千金其上。延諸侯游士賓客有能增損一字者予千金。

呂氏春秋今本皆以十二紀為首。卽史記兩述其同。皆云八覽六論十二紀。則似紀居末。書中序意一篇。在季冬紀之末。古書凡序皆在全書後。疑史記所舉次第為正也。

十五年一月廿四日盡一日之力草成此篇

漢書藝文志諸子略考釋

著錄經籍。創自劉氏父子。班書刪其要以作藝文志。目錄之學。未之能先也。篇中時有班氏自注。蓋采向歆之舊。間下己意。語焉弗詳。顏注以訓故精審見稱。學術流派。非所措意。故本篇之注。不足以饜人望。降及趙宋。肇治其學者有兩大師。一曰王應麟。著漢書藝文志考證。注重各書內容及其存佚眞僞。而已佚之書。則搜輯殘文。特致力焉。二曰鄭樵。著校讎略。專務闡明流別。商榷其分類得失。自是班志日益梳理。學焉者。賴知所從事矣。明則胡應麟。踵深寧之緒。清則章學誠。繩夾漈之規。此其最尤異者。自餘凡治古學稽舊籍者。莫不以此志爲星宿海。酌其源以馭羣委。諸所疏證。駸駸美備矣。近王先謙爲漢書補注。采輯蓋頗勤。雖然。本志網羅衆學。條理繁賾。且成書在二千年前。其所著錄。存於今者。什不得一。故評隲考辨。致力綦難。疇昔作者。從其所好。各明一義。而見仁見智。亦未必其盡有當也。同學二三子。以重注全志爲請。今茲未能。僅成諸子略考釋一卷。每書之下。首注其存佚。其存而篇卷有異同者。必注之。其佚之時代可考見者。必注之。其僞書必詳加考證。或僞自劉班以前。或非本志原書而後人僞補。或僞中出僞。俱一一分別論列。其分類失當。編次失序者。亦間以意繩糾焉。雖不能盡。庶自附於深寧夾漈私淑之列云爾。

莊荀論列諸子皆就各家施以評隲而家數不附專名至司馬談論六家要指始立陰陽儒墨名法道之目劉略因之加以補苴析爲九流曰儒曰道曰陰陽曰法曰名曰墨曰縱橫曰雜曰農末附小說都爲十家嚴格論之諸家學說交光互影必以某氏限隸某家欲其名實適相應蓋戛戛乎難雖然學派既分不爲各賦一名以命之則無所指目以爲論評之畛畔況校理書籍尤不能不爲之類別以定編錄之所歸故漢志以「流」分諸子在著述方法上不能不認爲適當惟分類是否合於論理則商榷之餘地正多司馬談所分六家頗能代表戰國末年思想界之數大潮流從分類學上觀察應認爲有相當之價值劉略踵之以置諸九流之前六蓋亦覺其無以易矣然以其不足以賅羣籍也乃益以縱橫雜農小說縱橫家次於六家後者蓋以蘇張一派傳書不少既於六家一無所合故不得不廣六以爲七然九流皆以明道術爲主換言之則思想界之淵叢也蘇張一派能在思想界占一位置與前六家並乎決不然矣雜家次在八凡書之不能隸前七家者入焉爲編錄方便起見殆非得已然既謂之雜則已不復能成家『雜家者流』一語既病其不詞矣既以無可歸類者入雜家則農家亦當在雜家前今反置其後頗不可解農爲一種職業的學術其性質與醫兵略同竊疑劉氏之意本不認此種書籍爲與儒道墨法……等同類特以「兵書」「方伎」卷帙浩繁各別爲錄農僅寥寥九家既不能獨立而又他無所麗姑列爲一「流」以附於諸子又恐其與專明理論之書相混故次於雜家以示別也小說之所以異於前九家者不在其內容而在其所用文體之形式桓子新論云『小說家合叢殘小語近取譬論以作短篇』文選注三十七引 故小說中宋子十八篇其所述蓋卽宋鈃一家之學優足與尹文·愼到……諸書抗衡特以

文體不同而歸類斯異。道家有伊尹鬻子。小說家復有伊尹說鬻子說。亦以文體示別而已。由此觀之。分諸子爲九家十家。不過目錄學一種利便。後之學者。推挹太過。或以爲中壘洞悉學術淵源。其所分類。悉含妙諦而衷於倫脊。此目論也。反動者又或譏其鹵莽滅裂。全不識流別。則又未免太苛。夫書籍分類。古今中外皆以爲難。杜威之十進分類法。現代風靡於全世界之圖書館。繩以論理。掊之可以無完膚矣。故讀漢志者但以中國最古之圖書館目錄視之。信之不太過。而責之不太嚴。庶能得其眞價值也。

惟然。故研究漢志。最要注意者在其書目而已。其每家〃結論——『某家者流蓋出於某某之官』以下。殊不必重視。蓋其分類本非有合理的標準。已如前述。其批評各家長短得失。率多浮光掠影語。遠不如司馬談之有斷制。更無論莊子天下篇荀子解蔽篇也。其述各派淵源所自。尤屬穿鑿附會。吾儕雖承認古代學術皆在官府。雖承認春秋戰國間思想家學術淵源多少總蒙古代官府學派之影響。但斷不容武斷某派爲必出於某官。最多只能如莊生所說『古之道術有在於是者某人聞其風而悅之』云爾。志所云云。實强作解事也。故今作考釋。對於此部分不復更詞費。

各書歸類是否適當。原書今佚者什而八九。殊不宜僅憑書名以下批評。但以現存之書而論。例如晏子八篇列儒家之首。晏子之非儒家。較然甚明。故晁公武以下從柳宗元之論而以入墨家。四庫總目則以入史部傳記類。其當否固又當別論。然漢志之於義無取。則衆所同認矣。又如劉向所序六十七篇。據本注有世說及列女傳。揚雄所序三十八篇。據本注有『樂四箴二』。新序說苑太玄法言入儒家固當。而列女傳及州箴官箴與儒家無涉。則昭然也。其已佚之書。例如儒家之高祖傳十三篇。本注云。『高祖與大臣時述古語及詔策。』孝文傳十一篇。本注云。『文帝所稱及詔策。』此純屬詔令集之類。與儒家何與。又如雜家之東方朔二十篇。據朔本傳注引劉向別錄。知所收爲答客難非有先生論諸文。荆軻論五篇。知爲司馬相如等論荆軻之文。此皆後世別集總集之類。云何可以入諸子。似此之類。繩以嚴格。可議者蓋不知凡幾。推原其故。不能遽咎劉班鹵莽。實緣當時未有史部集部之名目。無可歸類之書。不得已而入之於子。故晏子春秋列女傳等實宜入史部傳記。高祖孝文傳等實宜入史部詔令。周政周法等實宜入史部政書。（此姑就四庫舊目言之耳亦非謂其分類遂當）東方朔答客難司馬相如荆軻論揚雄州箴乃至賈山兒寬公孫弘莊助諸書皆宜入文集。然當時既無此名。又不可以入六藝詩賦諸略。故略就其內容之近似。分隸儒家雜家云爾。章學誠呵斥後世目錄學家。謂其『以儒雜二家爲龍蛇之菹』。豈惟後世。蓋劉略已然矣。若此者。吾輩以理論繩之。固隨處可指其疵類。然對於原書之總分類。既未能根本推翻。則此等枝葉問題。實亦無更良之法。可以解決也。（如陰陽家有五曹官制五篇本注云『漢制似賈誼所條』于長天下忠臣九篇顏注引別錄云『傳天下忠臣』在後世編目宜入政書及傳記漢志無所歸」入諸子不足怪但何以不入儒入雜而以入陰陽則頗不可解耳）

志中亦有自亂其例。無從爲之辯護者。如六藝略中。諸經皆先列正文。後舉傳注。（例如『易經十二篇施孟梁丘四家』『詩經二十八卷魯齊韓三家魯故二十五卷……』等）今道家老子著錄鄰傳徐劉四家傳注。而老子本書反不入錄。然則吾儕今日謂漢志中之老子存耶。佚耶。兩無是處。又如陰陽家公檮生終始十四篇。本注云。『傳鄒奭（衍字之訛）始終書。』然鄒子終始五十六篇。反列其後。又如墨家自田俅子以下四家。皆墨子弟子或後學之作。然皆列在墨子七十一篇之前。凡此之類。只能認爲原著體例之舛駁。否則傳鈔者紊其原次。若曲爲之解。恐無當也。

研究漢志之主要工作。在考證各書眞僞。本志不著錄而突然晚出者如世俗所傳鬼谷子亢倉子子華子……之類。卽以本志不著錄之故而證其僞。一也。本志中已佚之書後人僞補者。如文子關尹子鶡冠子……之類。以本志篇數之異同或其他方法以證其僞。二也。此皆置信本書而據以爲辨僞之資者。雖然。本志自身其所收僞書正自不少。其故。一由戰國百家託古自重。例如『有爲神農之言者許行』炎黃伊呂動相援附。二由漢求遺書。獎以利祿。獻書路廣。蕪穢亦滋。三由展轉傳鈔。妄有附益。或因錯糅。汩其本眞。四由各家談說。時隱主名。讀者望文。濫爲擬議。以此諸因。訛僞稠疊。辨別綦難。志中本注言『似依託』言『六國時依託』之類。頗不少。其於鑑別蓋亦三致意焉。雖然。竊意二劉之治學也。仍是抱殘守缺之意多。而鞫僞求眞之術拙。其讎校諸書。只是去其複重。俾可繕寫。而於碔砆之混。往往不忍割棄。例如孟子本志著錄十一篇。而經趙岐鑑定之結果。謂『外書四篇。不能宏深』。斷其爲僞。又如莊子本志著錄五十二篇。而郭象謂『一曲之才。妄竄奇說。凡諸巧雜。什分有三』。故僅注三十三篇。餘並從汰。使非有趙郭之別裁。則孟莊兩書。蕪穢或遠過今本。現存最烜赫之書且如此。其他蓋可類推。故如管商墨荀數大家。類皆有竄附痕跡。而竄者非必皆出向歆以後。殆向歆過而存之焉耳。此外亡佚之書。無從懸斷。而其不可信者什居三四。此可以比例而知其概者也。

以上所舉數端。皆本志之未能悉當人意者。雖然。生百世之後而欲研治先秦道術之遺文。觀其流別。則其粲然之迹。固未有能逾本志者。此則五尺童子所同認也。今故爬羅衆論。考而釋之。庶足備汲古之一綆云爾。

十五年一月廿一日啓超敍於清華學校。

○

晏子八篇。 名嬰。謚平仲。齊景公相。孔子稱善與人交。有列傳。師古曰『有列傳者謂太史公書』今存。隋唐志皆七卷。題爲晏子春秋。蓋襲史記所稱。崇文總目作十二卷。郡齋讀書志文獻通考皆改入墨家。四庫總目改入史部傳記類。

史記管晏列傳云『余讀晏子春秋。詳哉其言之也。其書世多有之』淮南子要略云『齊景公內好聲色。外好狗馬……故晏子之諫生焉』皆以爲晏子有著書。且其書在西漢時蓋甚盛行。漢志此書或卽司馬遷劉安所見本也。然此殆非春秋時書。尤非晏子自作。柳宗元謂墨子之徒有齊人者爲之。蓋近是。柳宗元辨晏子春秋云『司馬遷讀晏子春秋高之而莫知其所以爲書或曰晏子爲之而人接焉或曰晏子之後爲之皆非也吾疑其墨子之徒有齊人者爲之墨好儉晏子以儉名於世故墨子之徒尊著其事以增高爲己術者且其旨多尙同兼愛非樂節用非厚葬久喪者是皆出墨子又非孔子好言鬼事非儒明鬼又出墨子其言問棗及古冶子等尤怪誕又往往言墨子聞其道而稱之此甚顯白者自劉向歆班彪固父子皆錄之儒家中甚矣數子之不詳也蓋非齊人不能具其事非墨子之徒則其言不若是後之錄諸子者宜列之墨家非晏子爲墨也爲是書者墨之道也』然其人亦並非能知墨學者。且其依託年代似甚晚。或不在戰國而在漢初也。今傳之本是否爲遷安所嘗讀者。蓋未可知。然以是劉向所校上之本。非東漢後人竄亂附益也。劉向上奏云『臣向所校中書晏子十一篇臣向謹與長社尉臣參校讎太史公書五篇臣向書一篇參書十三篇凡中外書三十篇爲八百三十八章除復重二十二篇六百三十八章定著八篇二百一十五章其書六篇皆合六經之義又有復重文辭頗異不敢遺失復列爲一篇又有頗不合經術似非晏子言疑後世辯士所爲者故亦不敢失復以爲一篇』其書摶捨成篇。雖先秦遺文間藉以保存。然無宗旨。無系統。漢志以列儒家。固不類。晁馬因子厚之言。改隸墨家。尤爲無取。四庫入史部傳記．尙較適耳．

子思二十三篇．　名伋．孔子孫．爲魯繆公師．

今佚．隋唐志皆有子思子七卷．太平御覽三百八十六．四百三．五百六十五．皆引其文．是宋初尙存．史記孔子世家云．『子思作中庸．』王應麟曰．『沈約謂禮記中庸．表記．坊記．緇衣皆取子思子．』今案．『御覽四百三引子思子曰『天下有道．則行有枝葉．天下無道．則言有枝葉．』卽表記文．沈約說當可信．

曾子十八篇．　名參．孔子弟子．

今佚．隋唐志皆二卷．大戴禮記有曾子立事．本孝．立孝．大孝．事父母．制言上．制言中．制言下．疾病．天圓等十篇．或卽此書之一部．故晁氏謂『視漢亡八篇』也．阮元從戴記中錄出單行．而爲之注．題曰曾子注．然曾子立事篇文．又在荀子修身大略兩篇中．然則此十篇果否曾子所著．亦疑問也．其孝經及小戴記之曾子問等篇．疑亦在十八篇中．

漆雕子十二篇．　孔子弟子漆雕啓後．門人楊樹達謂「後」字爲衍文以其廁於曾子宓子之間曾宓皆孔子弟子則著書者當卽爲啓非其後人也

今佚．隋志已不著錄．馬國翰輯爲一卷．漆雕啓卽論語之漆雕開．注云『漆雕啓後』似謂著書者非啓而啓之後人也．說苑記孔子與漆雕馬人問答語．僞家語作漆雕憑．或卽其人歟．韓非子顯學篇敍述八儒．有漆雕氏之儒．則其學派在戰國時蓋甚光大．韓非述其學風．『不色撓．不目逃．行曲則違於臧獲．行直則怒於諸侯．』此蓋儒而兼俠者．論衡亦述其論性語．

宓子十六篇。　名不齊字子賤。孔子弟子。

今佚。隋志已不著錄。韓非呂覽新書淮南子。韓詩外傳。說苑。論衡。家語注。皆引宓子語。當是本書佚文。馬國翰輯爲一卷。

論衡本性篇『宓子賤漆雕開公孫尼子之徒。亦論情性。與世子相出入。皆言性有善有惡。』據此可見孔門討論人性問題。當以漆雕宓二子爲最先。

景子三篇。　說宓子語。似其弟子。

今佚。隋志已不著錄。馬輯一卷。與所輯宓子重複。殊無取。

世子二十一篇。　名碩。陳人也。七十子之弟子。

今佚。隋志已不著錄。馬國翰輯爲一卷。

論衡本性篇『周人世碩以爲人性有善有惡。舉人之善性養而致之則善長。惡性養而致之則惡長。如此則性各有陰陽。善惡在所養焉。故世子作養書一篇。』世子學說要點存者止此。春秋繁露俞序篇亦引世子語

魏文侯六篇。

今佚。隋志已不著錄。葉德輝曰『樂記引魏文侯問子夏樂魏策引魏文侯辭韓索兵及疑樂羊烹子命西門豹爲鄴令與虞人期獵呂覽期賢篇引魏文侯式段干木之閭樂成篇引與田子方論收幼孤自知篇引問任座君德淮南人閒訓引魏文侯不賞解扁東封上計韓詩外傳引魏文侯問孤卷子說苑君道篇引魏文侯賦鼓琴復恩篇引樂羊攻中山尊賢篇引下車趨田子方及觴大夫於曲陽善說篇引與大夫飲酒使公乘不仁爲觴政反質篇引御廩哭文侯素服辟正殿新序雜事二引魏文侯出遊見路人負芻雜事四引與公季成議田子方刺奢篇引見翟季問黜毀其言皆近道當在六篇中』馬輯一卷。

章學誠疑魏文侯平原君之徒皆無著書。漢志所載。或他人著書之篇名。如孟子書中梁惠王之類。亦足備一

說。

李克七篇。　子夏弟子，爲魏文侯相。

今佚。隋志已不著錄。王應麟曰：『韓詩外傳、說苑反質篇載魏文侯問李克；文選魏都賦注引李克書。』馬輯一卷。

史記貨殖列傳：『李克務盡地力』。但依他書所記載，則彼文似是李悝之誤，姑引以待考。經典釋文敍毛詩傳授源流云：『子夏傳曾申，曾申傳李克。』果爾，則克是子夏再傳弟子矣。

公孫尼子二十八篇。　七十子之弟子。

今佚。隋唐志皆一卷。馬輯一卷。

王應麟曰：『似孔子弟子。沈約謂樂記取公孫尼子。劉瓛云：緇衣，公孫尼子所作也。馬總意林引之。』今案：初學記引公孫尼子云：『樂者審一以定和，比物以飾節。』意林引公孫尼子云：『樂者先王所以飾喜也。』語皆在今樂記中，則沈約之說信矣。北堂書鈔、文選注皆引公孫尼子，則其書唐時尚存。

孟子十一篇。　名軻，鄒人，子思弟子，有列傳。案：孟子不及見子思，說見孟荀傳釋文。

今存七篇。

史記本傳云：『孟子……退而與萬章之徒序詩書，述仲尼之意，作孟子七篇。』是司馬遷所見本僅七篇也。

趙岐孟子章指題辭云：『著書七篇，二百六十一章，三萬四千六百八十五字。又有外書四篇——性善辯文說孝經爲政。其文不能宏深，不與內篇相似，似非孟子本眞，後人依放而託也。』今所傳趙岐注本，卽司馬遷所見者。外書四篇，經岐鑑別爲僞，後無傳者，遂亡佚。隋志尚有鄭玄、劉熙注孟子各七卷，則鄭、劉亦皆認外書爲僞矣。其佚文見於法言、鹽鐵論顏氏家訓文選注有若干條。淸末林春溥曾輯出。信乎『不能宏深』矣。至明季姚士粦所傳孟子外書四篇。則又僞中出僞。並非漢時之舊。更不足道。

孫卿子三十三篇。　名況。趙人。爲齊稷下祭酒。有列傳。師古曰『本曰荀卿避宣帝諱故曰孫』

今存。隋唐志十二卷。今本二十卷乃楊倞所析。改題荀子。倞自序云『以文字繁多故分舊十二卷三十二篇爲二十卷其篇第亦頗有移易使以類相從』

劉向敍錄云『臣所校讎中孫卿書凡三百二十二篇。以相校。除復重二百九十篇。定著三十二篇』志言三十三篇。殆譌字也。楊倞注本篇第。與向本頗有異同。其比較具見超所著要籍解題及其讀法中荀子。全書。大概可信。惟君子、大略、宥坐、子道、法行、哀公、堯問七篇。疑非盡出荀子手。或門弟子所記。或後人附益也。

芊子十八篇。　名嬰。齊人。七十子之後。師古曰『芊音弭』

今佚。隋志已不著錄。

王念孫曰『史記孟子荀卿傳楚有尸子。長盧。阿之吁子焉。索隱曰。吁音芋。別錄作芋子。今吁亦如字。正義。藝文志芊子十八篇。顏云音弭。案是齊人。阿又屬齊。恐顏誤也。案正義說是也。芋有吁音。故別錄作芋子。史記作吁子。小雅斯干篇『君子攸芋傳芋大也釋文芋香于反或作吁』作芊者字之誤耳。』

內業十五篇。　不知作書者。

今佚。隋志已不著錄。

王應麟曰『管子有內業篇。此書恐亦其類。』啓超案管子書乃戰國末人雜掇羣書而成。內業篇純屬儒家言。當卽此十五篇中之一篇。

周史六弢六篇。　惠襄之間。或曰顯王時。或曰孔子問焉。師古曰即今之六韜也

今佚。世所傳六韜。非此書。

沈濤曰『案今六韜乃文王武王問太公兵戰之事。而此列之儒家。則非今之六韜也。六乃大字之誤。人表有周史大弢古字書無弢字篇韻始有之當爲弢字之誤莊子則陽篇仲尼問於太史大弢。蓋卽其人。此乃其所著書故班氏有孔子問焉之說顏以爲太公六韜誤矣今之六韜當在太公二百三十七篇之內』啓超案沈說是。但今之六韜實亦僞書。

周政六篇。　周時法度政敎。

周法九篇。　法天地立百官。

河間周制十八篇。　似河間獻王所述也。

以上三種今佚隋志皆已不著錄。蓋皆秦漢間人述周代制度之書。既不能入六藝略。則以附諸儒家也。竊疑周官六篇其性質正與此同類。或劉歆將周政六篇改頭換面作爲周官。亦未可知要之戰國秦漢間儒者喜推論周制人各異說。如河間周制卽河間獻王之徒所論列周政周法當亦此類也。

讕言十一篇。　不知作者陳人君法度。師古曰說者引孔子家語云孔穿所造非也

今佚隋志已不著錄馬國翰從孔叢子輯出三篇。題孔穿撰。案王肅僞家語後序云。『子高名穿。著儒家語十二篇。名曰讕言』顏謂『說者引家語云孔穿所造』卽引此也然班明言『不知作者』顏亦斷其非穿造則孔叢子之文不足以當此書明矣。

功議四篇。　不知作者。論功德事。

今佚。隋志已不著錄。

甯越一篇。　中牟人。爲周威王師。

今佚。隋志已不著錄。馬輯一卷。

呂氏春秋不廣篇說苑尊賢篇皆記甯越事。賈誼過秦論云『六國之士有甯越……』當卽此人。

王孫子一篇。　一曰巧心。

今佚。據隋志云梁有王孫子一卷。似唐人編五代史志時其書然。意林。藝文類聚。文選注。太平御覽皆引之。似歷唐迄宋初尚存也。馬國翰輯爲一卷。

公孫固一篇。　十八章。齊閔王失國問之。固因爲陳古今成敗也。

今佚。隋志已不著錄。

史記十二諸侯年表云『公孫固韓非之徒。各往往捃摭春秋之文以著書。』當卽此人。

李氏春秋二篇。

今佚。隋志已不著錄。

呂覽勿躬篇引李子。疑卽此書。馬氏據之輯爲一卷。

羊子四篇。　百章。故秦博士。

今佚。隋志已不著錄。

董子一篇。　名無心、難墨子。

今佚。隋志一卷。馬國翰云『宋志不載、散佚已久、明陳第世善堂藏書目有之、今復求索不可得矣』

論衡福虛篇『儒家之徒董無心、墨家之徒纏子、相見講道。……』風俗通文略同。

俟子一篇。　李奇曰或作侔子。

今佚。隋志已不著錄。王先謙曰『官本俟作俟』陶憲曾曰『官本是也、廣韻六止俟下云又姓、風俗通云有俟子古賢人（通志氏族略五作六國賢人）著書、應仲遠嘗爲漢書音義、則所見本必作俟矣』

徐子四十二篇。　宋外黃人。

今佚。隋志已不著錄。

王應麟曰『魏世家惠王三十年使龐涓將、而令太子申爲上將軍、過外黃、外黃徐子曰「臣有百戰百勝之術」卽此外黃時屬宋。』

魯仲連子十四篇。　有列傳。

今佚。隋志五卷、錄一卷。唐志一卷。魯連言論、除戰國策及史記本傳著錄數長篇外、水經注、文選注、史記正義、意林、藝文類聚、初學記、太平御覽所引魯連子尙二十餘條、知其書北宋尙存。馬國翰據諸書輯爲一卷。

平原君七篇。　朱建也。

今佚。隋志已不著錄。

此書置魯仲連與虞卿之間、然則正是趙公子平原君勝也。此蓋劉略之舊、班氏注爲朱建、恐誤。

虞氏春秋十五篇。虞卿也。

今佚。隋志已不著錄。馬輯爲一卷。

史記本傳云「爲趙上卿。故號虞卿。」又云「不得意。乃著書。上採春秋。下觀近世。曰節義稱號揣摩政謀凡八篇以刺譏國家得失世傳之曰虞氏春秋。」又十二諸侯年表云「虞卿著書八篇。」與本志所錄篇數頗有出入今戰國策及新序皆記虞卿行事言論但是否爲本書原文尚難斷言

高祖傳十三篇。 高祖與大臣述古語及詔策也。

今佚。隋志云「梁有漢高祖手詔一卷。」

此及孝文傳以入儒家本無取義殆因編七略時未有史部詔令等無類可歸姑入於此耳。

陸賈二十三篇。

隋志新語二卷。唐志同。今存二卷。析爲十二篇。但非漢志原書之舊。四庫總目提要云「案漢書賈本傳稱著新語十二篇漢書藝文志儒家陸賈二十七篇蓋兼他所論述計之隋志則作新語二卷此本卷數與隋志合篇數與本傳合似爲舊本然漢書司馬遷傳稱遷取戰國策楚漢春秋陸賈新語作史記楚漢春秋張守節正義猶引之今佚不可考戰國策取九十三事皆與今本合惟是書之文悉不見於史記王充論衡本性篇引陸賈曰「天地生人也以禮義之性人能察己所以受命則順順謂之道」今本亦無其文又穀梁傳至漢武帝時始出而道基篇末乃引穀梁傳曰時代尤相牴牾其殆後人依託非賈原本歟考馬總意林所載皆與今本相符李善文選注於司馬彪贈山濤詩引新語曰「楩梓仆則爲世用」於王粲從軍詩引新語曰「聖人承天威承天功與之爭功豈不難哉」於陸機日出東南隅行引新語曰「高臺百仞」於古詩第一首引新語曰「邪臣之蔽賢猶浮雲之障日月」於張載雜詩第七首引新語曰「建大功於天下者必垂名於萬世也」以今本核校雖文句有詳略異同而大致亦悉相應似其僞猶在唐前惟玉海稱陸賈新語今存者道基術事輔政無爲資賢至德懷慮纔七篇此本十有二篇乃反多於宋本爲不可解或後人因不完之本補綴五篇以合本傳舊目也」

劉敬三篇。

今佚。隋志已不著錄。漢書本傳載敬說高帝都秦。與冒頓和親。徙民實關中。三事。當即此三篇之文。

孝文傳十一篇。 文帝所稱及詔策。

今佚。隋志已不著錄。

賈山八篇。

今佚。隋志已不著錄。漢書本傳載至言一篇。尚有諫文帝除鑄錢。訟淮南王無大罪。言柴唐天子爲不善三疏。皆當在八篇中。但其文不傳。

太常蓼侯孔臧十篇。 父聚高祖時以功臣封。臧嗣爵。

今佚。隋志云『梁有漢太常孔臧集二卷。』

賈誼五十八篇。

隋志。賈子十卷。錄一卷。唐志。賈誼新書十卷。今存。但非漢志原書之舊。四庫總目提要云「漢書藝文志儒家賈誼五十八篇崇文總目云本七十二篇劉向刪定爲五十八篇隋唐志皆九卷別本或爲十卷考今隋唐志皆作十卷無九卷之說蓋校刊隋唐書者未見崇文總目反據今本追改之明人傳刻古書往往如是不足怪也然今本僅五十六篇又問孝一篇有錄無書實五十五篇已非北宋本之舊又陳振孫書錄解題稱首載過秦論末爲弔湘賦餘略節誼本傳於第十一卷中今本雖首載過秦論而末無弔湘賦亦無附錄之第十一卷且併非南宋時本矣其書多取誼本傳所載之文割裂其章段顛倒其次序而加以標題殊瞀亂無條理朱子語類曰「賈誼新書除了漢書中所載餘亦難得粹者看來只是賈誼一雜記稾耳中間事事有些個」陳振孫亦謂其非漢書所有者輒淺駁不足觀決非誼本書今考漢書誼本傳贊稱凡所著述五十八篇掇其切於世事者著於傳應劭漢書注亦於過秦論下注曰「賈誼書第一篇名也」則本傳所載皆五十八篇所有足爲顯證又稱三表五餌以係單于顏師古注所引賈誼書與今本同又文帝本紀注引賈誼書「衞侯朝於周周行人問其名」亦與今本同則今本即唐人所見亦足爲顯證然決無摘錄一段立一篇名之理亦決無連綴十數篇合爲奏疏一篇上之朝廷之理疑誼過秦論治安策等本皆爲五十八篇之一後原本散佚好事者因取本傳所有諸篇雜析其文各爲標目以足五十八篇之數故餖飣至此其書不全眞亦不全僞朱子以爲雜記之稾固未核其實陳氏以爲決爲非誼書尤非篤論也』

河間獻王對上下三雍宮三篇。

今佚。隋志已不著錄。

漢書景十三王傳云『武帝時。獻王來朝。獻雅樂。對三雍宮及詔策所問三十餘事。其對推道術而言。得事之中。文約指明。』說苑君道篇建本篇各引獻王語二節。或是其文。

董仲舒百二十三篇。

隋志春秋繁露十七卷。今存。

漢書本傳云『仲舒所著。皆明經術之意。及上疏條教。凡百二十三篇。而說春秋事得失。聞舉。玉杯。蕃露。清明。竹林之屬。復數十篇。十餘萬言。』今春秋繁露中有玉杯蕃露竹林三篇。據本傳文。似卽所謂「說春秋事」之數十篇。在百二十三篇以外。然漢志不應不著錄其書。而其所著錄之百二十三篇。亦不應一字不傳於後。疑今本繁露之八十二篇。卽在此百二十三篇中也。然唐宋類書引繁露及董仲舒語。爲今本所無者尙不少。詳見蘇輿春秋繁露義證例言而論衡引情性陰陽之說。與今本頗殊。又引旱祭女媧之議。今本不見。此殆八十二篇以外諸篇之佚文矣。

兒寬九篇。

公孫弘十篇。

終軍八篇。

吾丘壽王六篇。

今皆佚，隋志已不著錄。馬國翰各輯爲一卷。

虞丘說一篇。　難孫卿也。

莊助四篇。

臣彭四篇。

鉤盾冗從李步昌八篇。　宣帝時數言事。

儒家言十八篇。　不知作者。

以上五家今皆佚，隋志已不著錄。

桓寬鹽鐵論六十篇。師古曰：「寬字次公，汝南人也。孝昭時丞相御史與諸賢良文學論鹽鐵事，寬撰次之。」

今存，十二卷。

劉向所序六十七篇。　新序、說苑、世說、列女傳頌圖也。

今存者：新序十卷，說苑二十卷，列女傳八卷。王回列女傳序云：「各頌其義，圖其狀，總爲卒篇。傳如太史公記，頌如詩之四言，而圖爲屏風。」世說佚，隋志析列女傳入史部。

揚雄所序三十八篇。　太玄十九，法言十三，樂四，箴二。

今存太玄法言，州箴官箴，樂四篇已佚。

右儒五十三家八百三十六篇。　入揚雄一家三十八篇。案入者，七略所無，班補入也。

今存者九家。爲書十三種。

晏子——今題晏子春秋。

孟子——今存七篇。

孫卿子——今題荀子。

陸賈——今題新語。

賈誼——今題賈誼新書。

董仲舒——今題春秋繁露存八十二篇。

鹽鐵論

劉向所序——今存新序說苑列女傳。

揚雄所序——今存太玄法言及箴。

其有專篇或佚文可考輯者十九家。曰子思。曰曾子。曰漆雕子。曰宓子。曰世子。曰魏文侯。曰李克。曰公孫尼子。曰王孫子。曰董子。曰魯仲連子。曰虞氏春秋。曰劉敬。曰賈山。曰河間獻王。曰兒寬。曰公孫弘。曰終軍。曰吾丘壽王。其屬於先秦者十二家。屬於漢者八家焉。

儒家者流。蓋出於司徒之官。助人君順陰陽明教化者也。游文於六經之中。留意於仁義之際。祖述堯舜。憲章文武。宗師仲尼。以重其言。於道最爲高。孔子曰『如有所譽。其有所試。』唐虞之隆。殷周之盛。仲尼之業。已試之效者也。然惑者既失精微。而辟者又隨時抑揚。違離 本。苟以譁衆所寵。後進循之。是以五經乖析。儒學寖衰。此辟儒之患。

○

伊尹五十一篇。 湯相。

今佚隋志已不著錄。

伊尹時已有著作傳後且篇數多至五十餘。此可斷其必誣然孟子已徵引伊尹言論多條。則孟子時已有所謂伊尹書者可知逸周書有伊尹獻令。其起原當亦頗古也但以入道家於義恐無取

太公二百三十七篇。謀八十一篇。言七十一篇。兵八十五篇。 呂望爲周師尚父本有道者。或有近世又以案此二字當在有字前爲太公術者所增加也。

今佚。隋志有太公陰謀一卷太公陰符鈐錄一卷太公金匱二卷太公兵法二卷又太公兵法六卷又太公三宮兵法一卷唐志略同

太公書之不足信亦與伊尹等即班固亦言『近世爲太公術者所增加』矣。不依託他人而獨依託太公者。殆齊之稷下談說之徒最衆喜引開國之君以自重其說。管晏諸書亦以同一理由發生也。秦策稱『蘇秦得太公陰符之謀』。當即在此『謀八十一篇』中耶。亦可徵戰國初年已有此類書矣。

辛甲二十九篇。 紂臣七十五諫而去周封之。

今佚隋志已不著錄。

左傳『辛甲爲太史命百官箴王闕』。此殆史官所傳故書。

鬻子二十二篇。 名熊爲周師文王以下問焉周封爲楚祖。

已佚。今所存一卷十四篇。蓋唐以後人所僞造。

鬻熊之名。始見史記楚世家。其人容或有之。然謂其有著書。實屬難信。此二十二篇者當是戰國秦漢間人依託耳。今存之一卷本。又僞中出僞。其書爲唐永徽中逢行珪所獻。與庚仲容子鈔馬總意林所言篇數不符。列子引鬻子三條。今本亦無有。四庫提要謂唐人勦賈誼新書作爲贋本。諒矣。

管子八十六篇。　名夷吾。相齊桓公。有列傳。

今存隋志十九卷。今本二十四卷。

司馬遷曰。『余讀管氏牧民山高乘馬輕重九府。詳哉言之也。……其書世多有之。』劉向敍錄云。『所校讎中管子書。大中大夫卜圭書。臣富參書。射聲校尉立書。太史書。凡中外書五百六十四。以校除復重四百八十四篇。定著八十六篇。』向所校書所據異本之多。與刪除複篇之多。皆以此爲最。則此書之傳習極廣。而極龐雜。可以推見。自宋以後。疑之者頗多。葉適云。『管子非一人之筆。亦非一時之書。莫知誰所爲。以其言毛嬙西施吳王好劍推之。當是春秋末年。』朱熹曰。『管子之書雜。管子以功業著者。恐未必曾著書。如弟子職之篇。全似曲禮。他篇有似莊老。…… 其內政分鄉之制。國語載之卻詳。』又曰。『管子非管仲所著。……想是戰國時人收拾仲當時行事語言之類著之。併附以他書。』黃震曰。『管子之書。不知誰所集。乃龐雜重複。似不出一人之手。』此諸論皆切中其病。要之此書決非管仲所作。無待深辨。其中一小部分當爲春秋末年傳說。其大部分則戰國至漢初遞爲增益。一種無系統的類書而已。志以入道家。殆因心術內業等篇其語有近老莊者。阮孝緒七錄以入法家。（史記本傳正義引）隋唐志以下皆因之。實則援呂氏春秋例入雜家。或較適耳。『（四庫提要云劉恕通鑑外紀引傳子曰「管仲之書過半便是後之好事者所加乃說管仲死後事輕重篇尤復鄙俗」葉適水心集亦曰「管子非一人之筆亦非一時之書以其言毛嬙西施吳王好劍推之當是春秋末年」今考其文大抵後人附會多於仲之本書其他姑無論即仲卒於桓公之前而篇中處處稱桓公其不出仲手已無疑義矣書中稱經言者九篇稱外言者八篇稱內言者九篇稱　言者十九篇稱區言者五篇稱雜言者十一篇稱管子解者五篇稱管子輕重者十九篇意其中執爲手撰執爲記其緒言如語錄之類執爲述其逸事如家傳之類執爲推其義旨如箋疏之類當時必有分別觀其五篇明題管子解者可以類推必由後人混而一之致滋疑竇耳晁公武讀書志曰「劉向所校本八十六篇今亡十篇考李善注陸機猛虎行曰江邃文釋引管子云夫士懷耿介之心不蔭惡木之枝惡木尙能恥之況與惡人同處」今檢管子近亡數篇恐是亡篇之內而邃見之則唐初已非完本矣」

老子鄰氏經傳四篇。　姓李名耳。鄰氏傳其學。

老子傅氏經說三十七篇。　述老子學。

老子徐氏經說六篇。　字少季臨淮人傳老子。

劉向說老子四篇。

志不著錄老子本書。而僅錄其傳說四家。殊不可解。四家今皆佚。而隋志有河上公注老子。今存。本志卻無之。可證其僞。

文子九篇。　老子弟子。與孔子並時。而稱周平王問。似依託者也。

今存。隋唐志皆十二卷。

柳宗元辨文子云『……其旨意皆本老子。然考其書蓋駁書也。其渾而類者少。竊取他書以合之者多。凡孟子輩數家皆見剽竊。嶢然而出其類。其意緒文詞又互相牴而不合。不知人之增益之歟。或者衆爲聚斂以成其書歟。』要之此書自班氏已疑其依託。今本蓋並非班舊。實僞中出僞也。其中大半勦自淮南子。

蜎子十三篇。　名淵。楚人。老子弟子。師古曰蜎姓也音一元切

今佚。隋志已不著錄。

王應麟曰『史記環淵楚人。學黃老道德之術。著上下篇。索隱正義皆無注。今案文選枚乘七發「便蜎詹何之倫。」注云「淮南子雖有鉤鍼芳餌。加以詹何蜎蠉之數。猶不能與罔罟爭得也。」宋玉與登徒子偕受釣於玄淵。七略蜎子名淵。三文雖殊。其人一也。』

關尹子九篇。　名喜。爲關吏。老子過關。喜去吏而從之。

隋唐志皆不著錄。原書久佚。今存一卷本。僞品也。

今本之僞。陳振孫宋濂及四庫提要辨之已詳。文筆頗類唐人所譯佛經。辭理雜勦釋道皮毛。蓋唐以後作品也。莊子天下篇以關尹與老聃並稱。且名列聃前。似非聃弟子。呂覽言『老聃貴柔。關尹貴淸。』其學似亦不與老氏全同也。

莊子五十二篇。　名周。宋人。

今存郭象注本十卷三十三篇。

陸德明莊子釋文敍錄云『……莊生宏才命世。辭趣華深。正言若反。故莫能暢其弘致。後人增足。漸失其眞。故郭子元云。一曲之才。妄竄奇說。若閼變意修之首。危言游鳧子胥之篇。凡諸巧雜。十分有三。漢書藝文志莊子五十二篇。卽司馬彪孟氏所注是也。言多詭誕。或似山海經。或類占夢書。故注者以意去取。其內篇衆家竝同。自餘或有外而無雜。唯子元所注。特會莊生之旨。故爲世所貴。』據此則諸注家於外篇雜篇以意去取。並

不從同、今郭注本僅三十三篇者。非晉時已佚若干篇。特子元以爲蕪累而簡汰之。如趙邠卿之不注孟子外書四篇耳。未必一致也。焦竑筆乘云『內篇斷非莊生不能作。外篇雜篇則後人竄入者多之噲讓國在孟子時。而莊文曰昔者陳恆殺其君。孔子請討。莊子身當其時。而胠篋曰陳成子弒其君。子孫享國十五世。即此推之。則秦末漢初之言也。豈其年踰四百歲乎。曾史盜跖與孔子同時。楊墨在孔後孟前。莊子內篇三卷未嘗一及。五人則外篇雜篇。多出後人可知。又封侯宰相等語。秦以前無之。且避漢文帝諱。改田恆爲田常。其爲假託尤明。』蓋郭氏汰蕪。已具特識。然所汰猶未盡。今傳之外雜篇。其爲後人聚斂而成者。當尚不少。不止蘇軾所斥盜跖漁父等篇而已。

列子八篇。　名圄寇。先莊子。莊子稱之。

今存張湛注本八卷。蓋晉人僞作。

柳宗元列子辨。首疑今本卷首所列劉向敍錄。謂列子爲鄭穆公時人。年代相去懸絕。蓋於向敍已不置信矣。又云『其書亦多增竄。非其實……其言魏牟孔穿。皆出列子後。不可信。』是並其本書亦疑之矣。高似孫子略。遂疑列子爲鴻濛雲將之流。並無其人。然尸子廣澤篇。呂氏春秋不二篇。皆有「列子貴虛」語。與當時諸家並提。然則固實有其人。非出莊周寓名也。漢志八篇。是否禦寇自著。抑戰國秦漢間人所依託。今無從懸斷。惟今存之張湛注本。決非漢志之舊。殆無可疑。除柳子厚所舉魏牟孔穿外。四庫提要更舉湯問篇鄒衍吹律語。以證其非禦寇作。然提要又因周穆王篇記西王母瑤池等語。與穆天子傳合。穆傳晉太康中始出。非劉向時所能僞造。因謂『可確信爲秦以前書。』殊不知今本正由晉人僞造。襲新出之穆傳。此愈可爲贋鼎之一

譯耳其書又勸佛理亦足爲東漢末佛經輸入後作品之據張湛自序言其書南渡時保存流布之始末事涉誕詭或卽湛所手僞也

老成子十八篇

今佚隋志已不著錄

僞列子周穆王篇『老成子學幻於尹文先生』莊子天下篇言『尹文接萬物以別宥爲始』尸子廣澤篇言『料子貴別囿』料老音近豈老成子卽料子耶

長盧子九篇　楚人

今佚隋志已不著錄

史記孟荀列傳『楚有長盧』御覽三十七引呂氏春秋有稱道長盧子語

王狄子一篇

今佚隋志已不著錄

公子牟四篇　魏之公子也先莊子莊子稱之

今佚隋志已不著錄

荀子非十二子篇言『魏牟安情性縱恣睢禽獸行』戰國策趙策莊子秋水篇讓王篇呂氏春秋審爲篇說苑敬愼篇僞列子仲尼篇皆記公子牟言行

田子二十五篇　名駢齊人游稷下號「天口駢」

今佚。隋志已不著錄。

老萊子十六篇。　楚人。與孔子同時。

今佚。隋志已不著錄。

史記老子列傳「老萊子亦楚人也。著書十五篇。言道家之用。」戰國策魏策述老萊子敎孔子之言。大戴記將軍文子篇述孔子語子貢以老萊子之行。

黔婁子四篇。　齊隱士。守道不詘。威王下之。

今佚。隋志已不著錄。

列女傳記「魯黔婁先生死。曾子與門人往弔。」則非齊人。更不及威王時矣。或是兩人耶。

宮孫子二篇。

今佚。隋志已不著錄。

鶡冠子一篇。　楚人。居深山。以鶡爲冠。

隋志以下皆作三卷。今存陸佃注本三卷十九篇。非漢志原書。

劉勰文心雕龍稱「鶡冠綿綿。亟發深言。」韓愈集有讀鶡冠子一篇。稱其博選篇「四稽五至」之說。學問篇「一壺千金」之語。柳宗元集有鶡冠子辨一書。則謂其「言盡鄙淺。好事者僞爲其書。」晁公武陳振孫皆祖柳說。惟四庫提要則又爲之訟直。啓超案今書時含名理。且多古訓。似非出魏晉以後人手。惟晁氏云「按四庫書目。鶡冠子三十六篇。已非漢志之舊。今書乃八卷。前三卷十三篇。與今所傳墨子書同。中三卷十九篇。愈所稱兩卷皆在宗元非之者篇名世兵亦在後兩卷有十九論多稱引漢以後事……』然則此書經後人竄亂附益者多矣今所存者卽中三卷雖未必爲漢志之舊然猶爲近古非僞關尹僞鬼谷之比也。

周訓十四篇。

黃帝四經四篇。

黃帝銘六篇。

黃帝君臣十篇。　起六國時與老子相似也。

雜黃帝五十八篇。　六國時賢者所作。

力牧二十二篇。　六國時所作託之力牧力牧黃帝相。

以上今皆佚隋志已不著錄本志以置諸鶡冠子與孫子之間者殆認此諸書之依託者爲此時代人也。

孫子十六篇。　六國時。

今佚隋志已不著錄。

沈欽韓曰鹽鐵論論功篇引孫子語不稱兵法恐是道家之孫子。

捷子二篇。　齊人。（原文尚有『武帝時說』四字王念孫謂涉下條曹羽注文而衍是也）

今佚隋志已不著錄。

史記田完世家『自如騶衍淳于髡田駢接子愼到環淵之徒……』孟荀列傳『愼到趙人田駢接子齊人環淵楚人皆學黃老道德之術』接子漢書古今人表作捷子在尸子後鄒衍前

曹羽二篇。　楚人。武帝時說於齊王。

郎中嬰齊二篇。　武帝時。

臣君子二篇。　蜀人。

　今皆佚。隋志已不著錄。

鄭長者一篇。　六國時。先韓子。韓子稱之。

　今佚。隋志已不著錄。

　沈欽韓曰。韓非外儲說右兩引鄭長者說。陶憲曾曰。釋慧苑華嚴經音義下引風俗通云。「春秋之末。鄭有賢人。著書一篇。號鄭長者。」

楚子三篇。

道家言二篇。　近世。不知作者。

　今皆佚。隋志已不著錄。

右道家三十七家。九百九十三篇。

　今存者惟管子老子莊子三家。而莊子篇數不同。老子原書本志不著錄。所著錄傳說四家皆佚。其存而疑僞者一家。曰鶡冠子。存而可決爲僞者四家。曰鬻子。曰文子。曰關尹子。曰列子。諸僞書中關尹最晚出。

道家者流。蓋出於史官。歷記成敗存亡禍福古今之道。然後知秉要執本。清虛以自守。卑弱以自持。此君人南面之術也。合於堯舜之克攘。易之嗛嗛。一謙而四益。此其所長也。及放者爲之。則欲絕去禮學。兼弃仁義。曰獨任清虛。可以爲治。

○

宋司星子韋三篇。　景公之史。

公檮生終始十四篇。　傳鄒衍終始書。

公孫發二十二篇。　六國時。

鄒子四十九篇。　名衍。齊人。爲燕昭王師。居稷下。號「談天衍」。

鄒子終始五十六篇。師古曰亦鄒衍所說

乘丘子五篇。　六國時。

杜文公五篇。　六國時。師古曰劉向別錄云韓人也

黃帝泰素二十篇。　六國時韓諸公子所作。師古曰劉向別錄云或言韓諸公孫之所作也言陰陽五行以爲黃帝之道也故曰泰素

南公三十一篇。　六國時。

容成子十四篇。

張蒼十六篇。　丞相北平侯。

鄒奭子十二篇。　齊人。號曰「雕龍奭」。

閭丘子十三篇。　名。魏人。在南公前。

馮促十三篇。　鄭人。

將鉅子五篇。　六國時。先南公。南公稱之。

五曹官制五篇。　漢制。似賈誼所條。

周伯十一篇。　齊人。六國時。

衞侯官十三篇。　近世。不知作者。

于長天下忠臣九篇。　平陰人。近世。師古曰劉向別錄云傳天下忠臣

公孫渾邪十五篇。　平曲侯。

雜陰陽三十八篇。　不知作者。

右陰陽二十一家三百六十九篇。

隋志以後不立陰陽家。其書久已全佚。學說可考者。惟鄒衍終始五德之說見於史記孟荀傳及項羽本紀引南公一語。呂覽制樂篇記宋司星子韋一事耳。張蒼說則略見本傳。

陰陽家者流。蓋出於羲和之官。敬順昊天。歷象日月星辰。敬授民時。此其所長也。及拘者為之。則牽於禁忌。泥於小數。舍人事而任鬼神。

○

李子三十二篇。　名悝。相魏文侯。富國彊兵。

今佚。隋志已不著錄。

漢書食貨志『李悝為魏文侯作盡地力之教。』晉書刑法志『律文起自李悝。撰次諸國法。著法經。以為王

著之政莫急於盜賊。故其律始於盜賊。盜賊須劾捕。故著網捕一篇。其輕狡越城博戲借假不廉淫侈踰制。以爲雜律一篇。又以具律具其加減。是故所著六篇而已。商君受之以相秦」案法經爲漢律九章所本。近人黃奭有輯本。或即在李子三十二篇中。但其書疑亦後人誦法李悝者爲之。未必悝自撰也。

商君二十九篇。　名鞅。姬姓。衞後也。相秦孝公。有列傳。

隋志五卷。唐志改題商子。卷數同。今存其目二十八篇。較漢志少一篇。又兩篇有錄無書。實已佚三篇也。史記商鞅列傳言「讀鞅開塞書」開塞在今本第七篇。或即用爲全書之名。如以繁露名董子書也。文獻通考引周氏涉筆。以爲「鞅書多附會後事。擬取他詞。非本所論著」四庫提要云「今考史記稱秦孝公卒。太子立。公子虔之徒告鞅欲反。惠王乃車裂鞅以徇。則孝公卒後鞅即逃死不暇。安得著書。如爲平日所著。則必在孝公之世。又安得開卷第一篇即稱孝公之謚。殆法家者流。掇鞅餘論以成是篇」今案本書徠民篇云「自魏襄以來。三晉所亡於秦者不可勝數」魏襄王之卒在鞅死後四十二年。又稱「長平之勝」事在鞅死後七十八年。則其書非鞅所著。更毫無疑義。又弱民篇「楚國之民齊疾而均速」以下皆荀子議兵篇中語。其所言唐蔑莊蹻事。亦遠在鞅死後。然則此書殆戰國末年人聚斂而成。觀其采及荀子。則其出蓋頗晚矣。

申子六篇。　名不害。京人。相韓昭侯。終其身諸侯不敢侵韓。

今佚。隋志云「梁有申子三卷亡」新舊唐志仍著錄三卷。晁陳以下皆不著錄。近馬國翰輯其佚說爲一卷。淮南子泰族訓云「今商鞅之啓塞。申子之三符。韓非之孤憤……」啓塞即開塞。商君書篇名。孤憤韓非子篇名。然則三符必亦篇名也。申子遺篇可考見者僅此。

處子九篇。師古曰史記云趙有處子

今佚。隋志已不著錄。

王應麟曰『史記「趙有劇子之言」。注。徐廣曰應劭氏姓注云「處子」。風俗通云。「漢有北海太守處興。」……』

愼子四十二篇。名到。先申韓。申韓稱之。

隋唐志皆十卷。崇文總目二卷。今僅存殘缺五篇。

愼子學說梗概見莊子天下篇。荀子非十二子篇。天論篇。解蔽篇。史記孟荀列傳稱其著十二論。蓋當時一大家也。其書代有散佚。今所存者威德。因循。民雜。德立。君人。凡五篇。書錄解題稱麻沙本五篇。殆卽此本也。其文簡短。似是後人掇輯所成。其篇名見於羣書治要者尙有知忠。君臣。兩篇。逸文散見羣書者亦尙數十條。近江陰繆氏有一鈔本云是明萬曆間吳人愼懋賞所刻。分爲內外篇。其書鄙俚蕪穢。將現存五篇改頭換面。文義全不相屬。諸書佚文則一無所采。又攀引孟子書中之愼滑釐爲愼到。又因史記之文而僞造爲鄒忌。淳于髠。愼到。田駢。接子。環淵。問答語。眞所謂小人無忌憚者。晚明人譾陋而好作僞書。成爲風氣。原不足責。繆荃蓀輩徒講版本而不知學術。乃至以『驚人祕笈』相詫。而傳刻者復從而張之。果爾。則豐坊。楊愼輩所造書。其祕而可驚者不更多耶。是不可不痛斥而明辨之也。

韓子五十五篇。名非。韓諸公子。使秦。李斯害而殺之。

今存。凡十二卷。篇數同漢志。

開卷初見秦一篇據戰國策乃范雎之辭然則本書明有他人著作錯入矣史記本傳稱『作孤憤、五蠹、內外儲說、說林、說難、十餘萬言』雖所舉篇名未必盡然今書爲後人附益者諒亦非無之也

游棣子一篇

鼂錯三十一篇

燕十事十篇　不知作者

法家言二篇　不知作者

以上今皆佚隋志云『梁有鼂氏新書三卷亡』新舊唐志仍著錄文選注太平御覽皆引朝子或朝錯新書知錯書宋初猶存也馬國翰輯佚文爲一卷

右法十家二百一十七篇

今存者三家一商君二愼子三韓子

法家者流蓋出於理官信賞必罰以輔禮制易曰『先王以明罰飭法』此其所長也及刻者爲之則無教化去仁愛專任刑法而欲以致治至於殘害至親傷恩薄厚

○

鄧析二篇　鄭人與子產並時師古曰『列子及孫卿並云子產殺鄧析據左傳昭公二十年子產卒定公九年駟歂殺鄧析而用其竹刑則非子產殺也』

已佚今所傳者蓋僞書

卷首有劉歆敍錄一篇末云『其論無厚者言之異同與公孫龍同類謹第一』此文尙爾雅當爲歆原作惟

中間譌脫似頗多疑。「者」字「之」字皆衍文。「一」字當爲「上」字。意謂析書中所論「無厚」。所言「異同。」略與公孫龍說同。今謹編次以上也。「無厚」爲戰國時名家最樂道之一問題——墨子經上篇。『厚。有所大也。』『端。體之無厚而最前者也。』莊子天下篇引惠施說。『無厚不可積也。其大千里。』又人間世篇。『以無厚入有間。』皆其義。厚即幾何學上之體。無厚者指點線面也。歆所見鄧析子原書必有說無厚之義者。歆以校公孫龍子。認其所說爲同類。今本首列無厚篇。其文曰。『天之於人無厚也。君之於民無厚也。父之於子無厚也。兄之於弟無厚也。』此蓋因歆敍有此二字。不得而解。因望文生義。其爲後人師心臆造無疑。「同異」亦當時名家一問題。天下篇所謂『以堅白同異之辯相訾』也。今本云。『異同之不可別是非之不可定。久矣。』名家以辨同異明是非爲職志。安肯作此說。篇首兩節。其舛誤已如此。此外全書皆膚廓。粗淺。摭拾道家言。與名家根本精神絕相反。蓋唐宋後妄人所爲。決非漢志舊本也。鄧析有無著書本屬疑問。無厚同異諸論。皆起自墨經以後。疑原書已屬戰國末年人依託。今本又僞中出僞也。

尹文子一篇。　說齊宣王。先公孫龍。

今存二篇。疑僞。

今本尹文子二篇。精論甚多。其爲先秦古籍毫無可疑。但指爲尹文作或尹文學說。恐非是。莊子天下篇尹文與宋鈃並稱。其學『以爲無益於天下者明之不如其已。』名家所提出種種奧賾詭瑣之問題。皆宋尹一派所謂「無益於天下」者也。故彼宗專標「見侮不辱」「情欲寡淺」兩義。以此周行天下。上說下教。自餘一切閑言。皆從剪斷。呂氏春秋正名篇引尹文語。專論「見侮不辱」。正與莊子所說同。然則尹文非鄧析惠施一派之名家明矣。今本尹文子『名以檢形形以定名……』等語。皆名家精髓。然與莊子所言尹文學風。幾根本不相容矣。卷首一序題云『山陽仲長氏撰定。』似出仲長統所編次。然序中又有『余黃初末始到京師』語。統卒於漢建安中。不能及黃初。疑魏晉人所編。託統以自重。其書則本爲先秦名家言。編者不得其主名。遂歸諸尹文耶。尹文爲齊湣王時人。見呂氏春秋。班云宣王。亦微誤。

公孫龍子十四篇。　趙人。

唐志三卷。今所存六篇。道藏本分上中下三卷。蓋殘缺之書。卻不僞。

成公生五篇。　與黃公等同時。師古曰『姓成公。劉向云與李斯子由同時。由爲三川守。成公生游談不仕』

今佚。隋志已不著錄。

惠子一篇。　名施。與莊子並時。

今佚。隋志已不著錄。

莊子天下篇云『惠施多方。其書五車。』似施所著述甚富。此僅一篇者。殆漢時已散佚矣。今並此一篇亡之。

惠子學說可考見者。僅天下篇所引十事而已。

黃公四篇。　名疵。爲秦博士。作歌詩。在秦時歌詩中。

毛公九篇。　趙人。與公孫龍等並游平原君趙勝家。師古曰『劉向別錄云論堅白同異以爲可以治天下。此蓋史記所云藏於博徒者』

今皆佚。隋志已不著錄。

右名七家三十六篇。

今存者公孫龍子一家。但殘缺。又鄧析子尹文子二家。皆非原書。鄧析尤晚出。

名家者流。蓋出於禮官。古者名位不同。禮亦異數。孔子曰『必也正名乎。名不正。則言不順。言不順。則事不成。』此其所長也。及譥者爲之。則苟鉤鈲析亂而已。

○

尹佚二篇。　周臣。在成康時也。

今佚。隋志已不著錄。

王應麟曰『左傳稱「史佚有言」「史佚之志」。晉語胥臣曰「文王訪於辛尹」。注「辛甲尹佚皆周太史」。說苑政理篇引成王問政於尹逸。尹佚周史也。而爲墨家之首。今書亡。不可考。呂覽當染篇「魯惠公使宰讓請郊廟之禮於天子。天子使史角往。惠公止之。其後在於魯。墨子學焉」。意者史角之後託於佚歟』。啓超案周書世俘解云『武王降自車。乃俾史佚繇書。』洛誥云『王命祝册逸作册。』今所傳金文中其册辭爲逸所宣者甚多。似其人甚老壽歷數朝。左傳僖十五文十五成四襄十四昭元及國語晉語皆引史逸。其言論蓋極爲周世所重。但漢志何故以入墨家。則所未解也。史佚書馬國翰有輯本一卷。

田俅子三篇。　先韓子。

今佚。隋志云『梁有田俅子一卷。亡。』

韓非子問田篇外儲說左上篇呂氏春秋首時篇。淮南子道應篇皆述田鳩言行。鳩俅音近。馬驌梁玉繩並以爲一人。是也。又墨者鉅子有田襄子。見呂氏春秋上德篇。年代亦略與田鳩相等。田鳩與秦惠王同時。田襄子於吳起死後爲鉅子。時代較晚但可相及是否一人待考。藝文類聚文選注白孔帖太平御覽等書引田俅子文不少。其書蓋亡於宋代。馬國翰輯爲一卷。

我子一篇。師古曰劉向別錄云『爲墨子之學』

今佚。隋志已不著錄。

隨巢子六篇。　墨翟弟子。

胡非子三篇。　墨翟弟子。

今並佚。隋唐志皆各著錄一卷。意林迄太平御覽並有引隨巢子胡非子文。其書蓋佚於宋代。馬國翰各輯爲一卷。

墨子七十一篇。　名翟。爲宋大夫。在孔子後。

今存闕八篇。隋志以下皆分爲十五卷。

右墨六家八十六篇。

今存者墨子一家。

墨家者流。蓋出於淸廟之守。茅屋采椽。是以貴儉。養三老五更。是以兼愛。選士大射。是以上賢。宗祀嚴父。是以右鬼。順四時而行。是以非命。以孝視天下。是以上同。此其所長也。及蔽者爲之。見儉之利。因以非禮。推兼愛之意。而不知別親疏。

○

蘇子三十一篇。　名秦，有列傳。

張子十篇。　名儀，有列傳。

龐煖二篇。　爲燕將。

闕子一篇。

國筮子十七篇。

秦零陵令信一篇。　難秦相李斯。

蒯子五篇。　名通。

鄒陽七篇。

主父偃二十八篇。

徐樂一篇。

莊安一篇。

待詔金馬聊蒼三篇。　趙人，武帝時。

右縱橫十二家，百七篇。

右書今皆佚，惟闕子自藝文類聚迄太平御覽皆徵引之，蓋宋初猶存。蘇子、張子、蒯子、鄒陽、主父偃，則史漢各本傳所載，殆皆其文也。史記田儋列傳云：『蒯通者，善爲長短說，論戰國之權變，爲八十一首。』當即本志之蒯子五篇。據「論戰國權變」之文，則似不僅說韓信諸語而已。

從橫家者流。蓋出於行人之官。孔子曰『誦詩三百。使於四方。不能專對。雖多亦奚以爲。』又曰『使乎使乎。』言其當權事制宜。受命而不受辭。此其所長也。及邪人爲之。則上詐諼而棄其信。

○

孔甲盤盂二十六篇。　黃帝之史。或曰夏帝孔甲。似皆非。

太命三十七篇。　傳言禹所作。其文似後世語。師古曰命古禹字

伍子胥八篇。　名員。春秋時爲吳將。忠直遇讒死。

子晚子三十五篇。　齊人。好議兵。與司馬法相似。

由余三篇。　戎人。秦穆公聘以爲大夫。

以上五書今皆佚。隋志已不著錄。

尉繚子二十九篇。　六國時。師古曰『尉姓繚名也音了又音聊劉向別錄云繚爲商君學』

隋志五卷。唐志六卷。今存五卷。四庫總目入兵家。眞僞待考。

四庫提要云『漢志雜家有尉繚二十九篇。鄭樵譏其見名而不見書。馬端臨亦以爲然。然漢志兵形勢家實別有尉繚三十一篇。故胡應麟謂兵家之尉繚即今所傳。而雜家之尉繚並非此書。今雜家亡而兵家獨傳。鄭以爲孟堅之誤者非也。特今書止二十四篇。與所謂三十一篇者數不相合。則後來已有亡佚。非完本矣。』案此論甚是。但今本是否即兵家尉繚原書。尚未敢深信耳。史記秦本紀云『大梁人尉繚來說秦王。其計以散財物賂諸侯强臣。不過三十萬金。則諸侯可盡。』據此可知尉繚籍貫及時代。初學記太平御覽並有引尉繚

子文爲今本所無者。其言又不關兵事。當是雜家尉繚佚文。然則此二十九篇至宋初尚存矣

尸子二十篇。　名佼。魯人。秦相商君師之。鞅死。佼逃入蜀。

隋唐志皆二十卷。宋時已殘闕。後遂全佚。（王應麟曰『李淑書目存四卷館閣書目止存二篇合爲一卷』但此二本今皆不傳）清嘉慶間汪繼培輯爲二卷。上卷據羣書治要所錄。有篇名。下卷則散見各書者。（震澤任氏元和惠氏陽湖孫氏先後有輯本汪本最善）劉向言『尸子書凡六萬餘言。』（史記孟荀列傳集解引別錄）又云。『尸子著書。非先王之法。不循孔氏之術。』（荀子敘錄）劉勰謂其『兼總雜術。術通而文鈍。』（文心雕龍諸子篇）李賢云。『尸子二十篇。十九篇陳道德仁義之紀。一篇言九州險阻。水泉所出。』（後漢書宦者傳注）此皆唐以前人曾見原書者所記述及批評。今所存佚文。多中正和平。頗類儒家言。彥和所謂『兼總雜術』則有之。子政所謂『不循孔氏』則未之見。使佼而果爲商鞅師。則其道術與鞅太不類矣。隋志云。『其九篇亡。魏黃初中續。』蓋原書在東漢已佚其大部分。而魏晉間人依託補撰。勰所見本未必卽爲向所見本。而羣書治要及他書所徵引。則皆魏黃初以後本也。但其中存先秦佚說甚多。固自可寶。

尸子始見史記孟荀列傳。謂爲楚人。今注謂魯人名佼。爲商君師云云。不知何據。穀梁傳隱五年引『尸子曰』則其人似儒家經師也。且今所存佚文。亦無一語與商韓一派相近者。班說恐未可信。

呂氏春秋二十六篇。　秦相呂不韋輯智略士作。（案輯集也）

今存。

史記呂不韋列傳云。『乃使其客人人著所聞。集論以爲八覽六論十二紀。二十餘萬言。以爲備天地萬物古今之事。號曰呂氏春秋。』卽班所謂「輯智略士作」也。其季冬紀之末篇題曰　意卽全書之自序。發端云。

『維秦八年。歲在涒灘。』即成書之年月也。此書經二千年。無殘缺。無竄亂。且有高誘之佳注。實古書中之最完好而易讀者。

淮南內二十一篇。　王安。

淮南外三十三篇。師古曰『內篇論道外篇雜說』

今存二十一卷。蓋即內篇也。外篇久佚。隋志已不著錄。晁氏讀書志云『崇文總目云亡三篇李淑邯鄲圖書志云亡二篇』但今本卻完漢書淮南王安傳。『招致賓客方術之士數千人。作爲內書二十一篇。外書甚衆。又有中篇八卷。言神仙黃白之術。亦二十餘萬言。……初安入朝。獻所作內篇。新出。上愛祕之。』然則安尚有中篇爲本志所未著錄。後代傳有淮南萬畢術。豈即其一部耶。本志天文家復別有淮南雜子星十九卷。易家復有淮南道訓二篇。賦家復有淮南王賦八十二篇。然則安著作不傳者多矣。內篇本二十篇。並要略爲二十一。要略即自序也。高誘序云『安爲辨達。善屬文。……天下方術之士多往歸焉。於是遂與蘇飛。李尚。左吳。田由。雷被。毛技。伍被。晉昌等八人。案史記淮南列傳索隱引淮南要略亦舉此八人號爲八公」惟田由作陳由毛技作毛周今本要略無此文「及諸儒大山小山之徒。共講論道德。總統仁義。而著此書。……號曰鴻烈。鴻大也。烈明也。要略篇注云烈功也以爲明大道之言也。』又云『劉向校定撰具。名之淮南。』要略亦云。『此鴻烈之泰族也。』注云『凡二十篇總謂之鴻烈』然則其書內篇本名鴻烈。淮南之名。劉向所命。隋志以下則因其爲諸子而稱以淮南子也。分纂諸賢姓名。亦賴高序僅傳。

劉班以淮南次呂覽之後。而並入雜家者。蓋以兩書皆成於賓客之手。皆雜采諸家之說。其性質頗相類也。雖然。猶有辯。呂不韋本不學無術之大賈。其著書非有宗旨。務炫博譁世而已。故呂覽儒墨名法。樊然雜陳。動相違忤。只能爲最古之類書。不足以成一家言。命之曰雜。固宜。劉安博學能文。（本傳詳）其書雖由蘇飛輩分纂。然宗旨及體例。計必先行規定。然後從事。或安自總其成。亦未可知。觀要略所提絜各篇要點及排列次第。蓋匠心經營極有倫脊。非漫然獺祭而已。高誘序云『其旨近老子。淡泊無爲。蹈虛守靜。出入經道。……事物之類。無所不載。然其大較歸之於道。』此眞能善讀其書者。故淮南鴻烈實可謂爲集道家學說之大成。就其內容爲嚴密的分類。毋寧以入道家也。

東方朔二十篇。

今佚。隋志有東方朔集二卷。

漢書本傳注引劉向所錄云『朔之文辭。客難。非有先生論。此二篇最善。其餘有封泰山。責和氏璧。及皇太子生禖。屏風。殿上柏柱。平樂觀賦獵。八言七言上下。從公孫弘借車。凡朔書具是矣。』案右向所舉十四篇。又北堂書鈔百五十八引嗟伯夷文。選海賦注引對詔。藝文類聚災異部引旱頌。人部引誡子。凡四篇。餘二篇待考。

伯象先生論一篇。　應劭曰『蓋隱者也。故公孫敖難以無益世主之治。』

今佚。隋志已不著錄。

御覽八百十一引新序有公孫敖問伯象先生語。殆即此一篇之文。

荆軻論五篇。　軻爲燕刺秦王。不成而死。司馬相如等論之。

今佚。隋志已不著錄。

王應麟曰『文章緣起。司馬相如作荆軻讚。文心雕龍。相如屬筆。始讚荆軻。』案班云『相如等。』則非止一人之論蓋總集嚆矢也漢志無集部故以附雜家。

吳子一篇。

公孫尼一篇。

博士臣賢對一篇。　漢世難韓子商君。

臣說三篇。　武帝時所作賦。案此賦字疑衍下賦家別有臣說賦九篇

解子簿書三十五篇。

推雜書八十七篇。

雜家言一篇。　王伯不知作者。師古曰「言王伯之道伯讀曰霸」案王伯疑即此一篇之篇名

以上今皆佚隋志已不著錄公孫尼一篇次列漢人著作中與儒家之公孫尼子蓋非一人。

右雜二十家四百三篇。　入兵法。陶憲曾曰「入兵法」上脫「出蹴鞠」三字兵書四家惟兵技巧入蹴鞠一家二十五篇而諸子家下亦注蹴鞠一家二十五篇是蹴鞠正從此出而入兵法也今本脫出蹴鞠三字則入兵法三字不可解而諸子家所出之蹴鞠亦不知其於十家中究出自何家矣」

雜家者流蓋出於議官兼儒墨合名法知國體之有此見王治之無不貫此其所長也及盪者爲之則漫羨而無所歸心。

〇

神農二十篇。　六國時諸子疾時怠於農業道耕農事託之神農。師古曰「劉向別錄云疑李悝及商君所說」

野老十七篇。　六國時在齊楚間。應劭曰年老居田野相民耕種故號野老

宰氏十七篇。　不知何世。

董安國十六篇。　漢代內史。不知何帝時。

尹都尉十四篇。　不知何世。

趙氏五篇。　不知何世。

氾勝之十八篇。　成帝時爲議郎。師古曰「劉向別錄云『使教田三輔有好田者師之徙爲御史』」氾音凡又音敷劍反」

王氏六篇。　不知何世。

蔡癸一篇。　宣帝時以言便宜至弘農太守。師古曰「劉向別錄云邯鄲人」

以上今皆佚。隋志惟有氾勝之書二卷。唐志惟有尹都尉書三卷。餘皆不著錄。氾勝之書。鄭樵藝文略尚著錄二卷。文獻通考始不載。蓋亡於宋末也。清洪頤煊輯爲二卷。

右農九家百一十四篇。

農家者流。蓋出於農稷之官。播百穀。勸耕桑。以足衣食。故八政一曰食。二曰貨。孔子曰「所重民食。」此其所長也。及鄙者爲之。以爲無所事聖王。欲使君臣並耕。誖上下之序。

○

伊尹說二十七篇。　其語淺薄。似依託也。

鬻子說十九篇。　後世所加。

周考七十六篇。　考周事也。

青史子五十七篇。古史官記事也。

師曠六篇。見春秋其言淺薄本與此同似因託也。

務成子十一篇。稱堯問非古語。

宋子十八篇。孫卿道宋子其言黃老意。

天乙三篇。天乙謂湯其言非殷時皆依託也。

黃帝說四十篇。迂誕依託。

封禪方說十八篇。武帝時。

待詔臣饒心術二十五篇。武帝時。師古曰「劉向別錄云饒齊人也不知其姓武帝時待詔作書名曰心術也」

待詔臣安成未央術一篇。

臣壽周紀七篇。項國圉人宣帝時。

虞初周說九百四十三篇。河南人武帝時以方士侍郎號黃車使者。

百家百三十九篇。

以上今皆佚隋志已不著錄惟唐志小說家有鬻子說一卷不知是否原書。

右諸書與別部有連者道家有伊尹五十一篇鬻子二十二篇此復有伊尹說鬻子說兵陰陽有師曠八篇此復有六篇五行家有務成子災異應十四卷房中家有務成子陰道三十六卷此復有務成子十一篇考其區別所由蓋以書之內容體例爲分類也文選注三十一引桓譚新論云「小說家者合叢殘小語近取譬論以

作短篇』蓋小說家之特色如此據此則道家之伊尹鬻子蓋以莊言發攄理論小說家之伊尹說鬻子說則叢殘小語及譬喻短篇也餘可類推

宋子十八篇原注云『孫卿道宋子』然則卽荀子正論篇之子宋子——宋鈃也其人爲戰國一大思想家其書乃入小說頗可詫異案正論篇云『子宋子……率其羣徒辨其談說明其譬稱將使人知情欲之寡也……』然則宋鈃最好談而善用譬殆爲通俗講演體專『取譬論以作短書』劉班不辨其書之實質而徒觀其形式則入之小說宜耳此書之佚殆爲我思想界最大損失之一矣

右小說十五家千三百八十篇

小說家者流蓋出於稗官街談巷語道聽途說者之所造也孔子曰『雖小道必有可觀者焉致遠恐泥』是以君子弗爲也然亦弗滅也閭里小知者之所及亦使綴而不忘如或一言可采此亦芻蕘狂夫之議也

○

凡諸子百八十九家四千三百二十四篇　出蹴鞠一家二十五篇（案從諸子家出而入兵技家也）

諸子十家其可觀者九家而已皆起於王道既微諸侯力政時君世主好惡殊方是以九家之術蠭出並作各引一端崇其所善以此馳說取合諸侯其言雖殊辟猶水火相滅亦相生也仁之與義敬之與和相反而皆相成也易曰『天下同歸而殊塗一致而百慮』今異家者各推所長窮知究慮以明其指雖有蔽短合其要歸亦六經之支與流裔使其人遭明王聖主得其所折中皆股肱之材已仲尼有言『禮失而求諸野』方今去聖久遠道術缺廢無所更索彼九家者不猶瘉於野乎若能修六藝之術而觀此九家之言舍短取長則可以通萬方之略

矣.

漢志諸子略各書存佚眞僞表 附本志以外僞書

存佚眞僞 \ 流別			儒
現存	眞書	全眞	孟子（依託四篇已佚）、董仲舒（今所傳春秋繁露全眞但較漢志已佚多篇）、鹽鐵論、新序、說苑
		部分竄亂	孫卿子（內四五篇有後人竄附痕跡）、賈誼（似補綴改竄）
	依託		晏子（戰國末或漢初依託）
已佚	有遺篇遺說可考輯者		子思、曾子、漆雕子、宓子、世子、魏文侯、李克、公孫尼子、甯越
	全佚者		景子、芊子、內業、周史六弢、周政、周法、河間周制、讕言、功議
	原佚而後人僞託或補竄者		陸賈（似隋唐間僞補）
本志所無而後人僞造之書			孔叢子（晉人僞造有依託孔臧語）、六韜（依附周史六弢之名而僞撰）

家　　者　　流

列女傳（劉向所序四種之三）
太玄
法言
箴（揚雄所序四種之三）

王孫子
李氏春秋
董子
魯仲連子
劉敬
賈山
河間獻王
對上下三
雍
兒寬
終軍
吾丘壽王
莊助

公孫固
羊子
侯子
徐子
平原君
虞氏春秋
高祖傳
孝文傳
孔臧
虞丘說
臣彭
鉤盾冗從
李步昌
儒家言
世說（劉向所序四種之一）
樂（揚雄所序四種之一）

道家者

書名	附注
老子	原書存但本志不別著錄
莊子	內篇全眞外篇雜篇有竄附
管子	戰國末依託

書名	附注
伊尹	依託
太公謀言兵	依託
長盧子	
公子牟	
田子	
老萊子	
鄭長者	
辛甲	
老子鄰氏經傳	
老子傅氏經說	
老子徐氏經說	
劉向說老子	
蜎子	
老成子	
王狄子	
黔婁子	
宮孫子	
周訓	
黃帝四經	
黃帝銘	
黃帝君臣	
鬻子	原書恐已依託今傳者全僞
文子	原書依託今本唐人僞
關尹子	唐以後人僞
列子	晉人僞
鶡冠子	魏晉以後僞

書名	附注
陰符經	陰符當在太公謀中今本全僞
子華子	名見呂氏春秋今本全僞
亢倉子	莊子寓言人名唐以後人僞爲其書

流

雜黃帝
力牧
右五書俱依託
孫子
捷子
曹羽
郎中嬰齊
道家言

陰陽家

宋司星子韋
鄒子
鄒子終始
南公
容成子
張蒼

公檮生終始
公孫發
乘丘子
杜文公
黃帝泰素
鄒奭子
閭丘子
馮促
將鉅子

者……流	法家者流	名家者流
	韓子（第一篇錯入）	公孫龍子（殘缺且有竄附）
	商君（戰國末依託）	尹文子（似劉向前依託）
	李子 申子（恐依託） 愼子（近出一本全僞） 鼂錯	惠子
五曹官制 周伯 衞侯官 于長天下 忠臣 公孫渾邪 雜陰陽	處子 游棣子 燕十事 法家言	成公生 黃公 毛公
		鄧析子（原書已依託今本蓋魏晉後僞）

墨家者流		墨子（內三四篇有竄亂痕跡）		尹佚 田俅子 隨巢子 胡非子	我子		
從橫家者流				蘇子 張子 闕子 蒯子 鄒陽 主父偃 徐樂 莊安	龐煖 國筮子 秦零陵令信 待詔金馬聊蒼		鬼谷子（唐以後僞）
雜	呂氏春秋 淮南內			由余 尉繚子（今存之本恐是兵家尉繚） 尸子	孔甲盤盂 大命（皆依託） 伍子胥（恐依託） 子晚子		於陵子（明人僞）

家者流	農家者流
東方朔 伯象先生	尹都尉 趙氏 氾勝之
淮南外 荊軻論 吳子 公孫尼 博士臣賢對 臣說 解子簿書 推雜書 雜家言	神農（依託） 野老 宰氏 董安國 王氏 蔡癸

小說家者流	合計
	八家（十二書）
	六家
	四家
青史子　師曠　宋子	四十七家
伊尹說　鬻子說　周考　務成子　天乙　黃帝說　封禪方說　待詔臣堯　心術　待詔臣安　成未央術　臣壽周紀　虞初周說　百家	百〇四家
	七家
	七書

附　考諸子略以外之現存子書

漢志諸子略以外。復有兵書數術方技三略。皆後世所目爲子書者。其書散佚益多。存者百不一二。現存各書中有數書爲志中所曾著錄或似曾著錄者。今並附考之。俾成學治古文者得所抉擇焉。

孫子一卷十三篇。

本志兵書略兵權謀家。『吳孫子兵法八十二篇。』本注云。『圖九卷。』師古曰。『孫武也。』隋志二卷。唐志三卷。今四庫本一卷。今本篇數少於漢志而又無圖。是否任宏所校原本。不敢臆斷。杜牧謂『武所著書凡數十萬言。魏武帝削其繁剩。筆其精切。凡十三篇。』其說不知何據。殆肊測耳。十三篇之說兩見於史記武本傳。然則戰國秦漢間盛行者蓋止十三篇。漢志有八十二篇者。當時校書以博採爲貴。彙集諸本去其複重。因付寫定。所增之篇恐非舊文。正如孟子書史記本傳僅言七篇。而本志有十一篇。後經趙岐鑑別。乃知原止七篇。餘四篇乃僞書也。孫子篇數之增。計亦猶是。若夢想佚篇。恐不免爲古人所欺矣。此書亦未必孫武所著。當是戰國人依託。書中所言戰事規模及戰術。慮皆非春秋時所能有也。但其非漢以後書。亦可斷言。

吳子一卷。

本志兵權謀家。『吳起四十八篇。』隋唐志皆一卷。亦戰國時書。但未必出吳起手耳。志中篇數之多。恐亦別裁不精所致。今本尚較可信。

司馬法一卷。

本志六藝略禮家．『軍禮司馬法百五十五篇．』今所傳者或卽其一部分．史記穰苴列傳云．『齊威王使大夫追論古者司馬兵法．而附穰苴於其中．因號曰司馬穰苴兵法．』本書或亦其佚文．

山海經十八卷．

本志數術略形法家．『山海經十三篇．』今所傳郭璞注本十八篇．與志異．殆增大荒經以下五篇也．今本卷首有劉秀校進表云．『所校山海經凡三十二篇．今定爲一十八篇．』四庫提要疑此表爲僞．殆然．秀表稱伯益所作．蓋本史記論衡及僞列子．史記云．『禹本紀山海經所有怪物．余不敢言．』論衡云．『禹主行水．益主記異物．海外山表．無所不至．以所見聞作山海經．』（吳越春秋文略同）僞列子云．『大禹行而見之．伯益知而名之．夷堅聞而知之．』以此書屬諸禹益．由來舊矣．四庫提要云．『觀書中載夏后啓周文王及秦漢長沙象郡餘暨下巂諸地名．斷不作於三代以上．殆周秦間人所述．而後來好異者又附益之歟．觀楚辭天問多與相符．使古無是言．屈原何由杜撰．……』所論最爲平允．夏殷以前．不能有此類卷帙繁重之書．此殆可以常理推定者．但如杜佑朱子輩指爲全屬漢以後人杜撰．則殊不然．比者殷虛契文出土．而書中「王亥」「僕牛」諸文．更得一鑿證．（見王國維著殷卜辭中所見先王先公考）益可見此書價值矣．至書中所見秦漢郡名．則出於附益．古籍多然．不獨此書矣．

黃帝素問二十四卷．　靈樞經十二卷．

本志方技略醫經家．『黃帝內經十八卷．外經三十九卷．』無素問等名．後漢張機傷寒論始引素問．晉皇甫謐甲乙經序稱．『鍼經九卷．素問九卷．皆爲內經．』內經素問併爲一談．自此．唐王冰合注素問靈樞．又謂『

靈樞卽內經十八卷之九。〔一〕大抵素問爲西漢以前書。其是否卽漢志中內經。無從證明。靈樞殆魏晉後作也。